AF401672

EUGÈNE JUNG

Ancien Vice-Résident de France au Tonkin

LA RÉVOLTE ARABE

I

De 1906 à la révolte de 1916

LIBRAIRIE COLBERT

CH. BOHRER

57, Rue de Richelieu, 57

PARIS

DÉPOT LÉGAL.
Seine
N° 2205
1924

LA RÉVOLTE ARABE

(de 1906 à la révolte de 1916)

8° O² g
886 (1)

5069161

DU MÊME AUTEUR

Mademoiselle Moustique . . . . 1 volume
La Vie Européenne au Tonkin . . . . 1 volume
Histoire d'un Colon . . . . 1 volume
L'Avenir Économique de nos Colonies . . . . 1 volume
Nos Puissances devant la Révolte Arabe : *La Crise
  mondiale de demain (1906)* . . . . 1 volume
45 Jours en Paquebot . . . . 1 volume

Théâtre

Arrivons ! Comédie en 3 actes . . . . 1 volume
Gardien pour Dames Seules. Comédie . . . . 1 acte
Le Rival. Comédie . . . . 3 actes
Sur la Grève . . . . 1 acte
Les Vêpres Catalanes. Drame historique . . . . 5 actes

En préparation :

Elsa, Lina, Maria & Cie . . . . 1 volume
Une Histoire d'Inventions de Victoire. (*Les Vérités
  de la Guerre*) . . . . 1 volume
Les Suppléantes . . . . 1 volume
La Passion d'un Intellectuel . . . . 1 volume
Laquelle ? . . . . 1 volume
Assurances contre... Comédie . . . . 3 actes
La Révolte Arabe, II (*Juin 1916 à nos jours;* . . . . . 1 volume

EUGÈNE JUNG

Ancien Vice-Résident de France au Tonkin

LES COULISSES DE L'HISTOIRE

LA RÉVOLTE ARABE

I

De 1906 à la révolte de 1916

LIBRAIRIE COLBERT

CH. BOHRER

57, Rue de Richelieu, 57

PARIS

AVANT-PROPOS

—+—

L'ouvrage que nous présentons au lecteur est la suite de « Les puissances devant la Révolte arabe, la crise mondiale de demain » paru en 1906 [1]. *Il contient le récit vécu des tractations du comité arabe d'émancipation avec la France et d'autres puissances.*

Nous n'avons pas la prétention d'écrire toute l'histoire de la Révolte Arabe. Notre ami, un des grands chefs du mouvement, Négib Azoury bey, est mort au Caire en 1916 et nous n'avons pu entrer en possession de ses papiers qui auraient complété nos documents. De même nous n'avons pas eu la connaissance précise de toutes les intrigues diplomatiques depuis le 4 août 1914 jusqu'au moment de la Révolte.

Nous ne pouvons en conséquence rendre

---

(1) Hachette et Cⁱᵉ, Éditeurs.

compte que du rôle joué ici par le comité et son représentant.

Ayant vécu quinze années en contact constant avec les dirigeants du Parti de l'Indépendance, nous avons partagé leurs espoirs et leurs tristesses. Nous comprenons la rancœur qui les étreint en voyant les résultats d'une politique égoïste et financière, résultats qui apparaîtront encore plus fâcheux dans la suite des temps.

Un de nos confrères, M. Jean Damas, a, dans « Le Parlement et l'Opinion » d'octobre 1923, publié une étude sur le Problème Syrien et l'Avenir Turco-Arabe. Graves entre toutes, ses appréciations ne nous donnent pas la latitude de regretter une seule des notes adressées à certaine haute autorité. Elles ne font que confirmer nos appréhensions et les mots de la fin de cette histoire :

La Révolte Arabe est encore la
Crise Mondiale de Demain.

EUGÈNE JUNG

Janvier 1924.

LA RÉVOLTE ARABE

(DE 1906 A JUIN 1916)

————•————

I

Exposé Général

Lorsque parurent *Le Réveil de la Nation Arabe dans l'Asie Turque* (1) (1905), de M. Négib Azoury bey, et *Les Puissances devant la révolte arabe, la crise mondiale de demain* (2) (1906), de M. Eugène Jung, ce furent partout une surprise et une révélation, accompagnées d'un certain scepticisme (3). L'opinion publique mondiale s'occupait de l'Afrique et de la pénétration chaque jour plus profonde dans ce continent, mais personne ne pensait à ces contrées mystérieuses d'Arabie, situées aux portes de l'Europe. On ne connaissait, sauf certains initiés, que Constantinople, Smyrne, les Echelles du Levant, Damas, Jérusalem, Djeddah, Hodeïdah, quelques points de l'Hadramaut, Mascate, les îles du golfe Persique et l'Irak. Le reste était légende. L'histoire arabe, les richesses économiques de ces vastes contrées, les convoitises des puissances étaient des rébus.

Grâce aux deux ouvrages cités plus haut, le voile se déchira. L'appel de la nation arabe, quel-

———————————

(1) Plon, éditeur.
(2) Hachette, éditeur.
(3) V. Appendice : pièce n° 1.

ques faits de guerre au Yemen et ailleurs montrèrent au monde qu'il existait réellement un peuple, conscient de ses droits et de sa force, qui voulait revivre.

De 1906 à 1916 les années passèrent, lentes, sans amener aucun changement notable. Bien que certaines rumeurs se fissent entendre de temps en temps, chacun pouvait croire que la révolte arabe, si bien préparée et annoncée, n'avait été qu'un feu de paille. On avait, d'ailleurs, bien d'autres préoccupations : guerre italo-turque, conflit balkanique. On s'illusionnait sur le calme trompeur qui régnait dans l'Orient arabe.

De 1906 à 1916 se sont cependant déroulés de nombreux événements politiques, diplomatiques et militaires, inconnus de presque tous, d'une importance considérable et dont la répercussion se fera longtemps sentir. Bien des faits, incompréhensibles jusqu'à ce jour et mal interprétés, permettront de se rendre un compte exact de la situation actuelle.

On n'apprendra pas, par exemple, sans quelque surprise, que si en 1912 certain mot avait été prononcé, le conflit mondial n'aurait pu éclater, et qu'en 1914, si on avait écouté les patriotes arabes, une grande partie des troupes arabes de l'armée turque eussent été à nos côtés. .

Le principal instigateur de ce mouvement de libération fut Négib Azoury bey, ancien adjoint au gouverneur de Jérusalem, condamné à mort en 1904 par le sultan Abdul-Hamid. Elevé en France, diplômé à vingt ans de l'Ecole des Hautes Etudes, parlant plusieurs langues, il était doué d'une intelligence remarquable. A Londres, au Caire, à Paris, dans tous les milieux diplomatiques, il était fort apprécié.

Nous l'avons connu en 1905, à la suite d'une

étude sur Mascate, que nous avions publiée dans la *Revue Libre*. Les régions inconnues de l'Arabie avaient, à notre retour d'Indo-Chine, attiré notre attention.

Négib Azoury nous demanda de collaborer avec lui à l'œuvre de libération des Arabes d'Orient et nous nous mîmes à son entière disposition. Nous fûmes bientôt comme deux frères.

A Paris, dès 1905, nous entreprîmes une campagne nécessaire dans la presse. Grâce à M. Letellier, à M. Henri Simon, le *Journal* et l'*Echo de Paris* nous furent ouverts pour nos grands articles et nos dépêches presque quotidiennes. La *Revue des Revues*, la *Patrie*, le *Figaro*, la *Liberté*, etc., suivirent. Tous avaient compris l'immense portée de ce mouvement que la France aurait pu diriger et canaliser pour le plus grand profit de son renom et de ses intérêts.

Partout on n'eut pas la même clairvoyance. La « crise mondiale de demain », personne ne voulait y croire, ou, si on la jugeait possible, on espérait qu'elle ne se produirait jamais, ou qu'elle surviendrait tard, très tard... Or, elle n'a pas encore éclaté dans toute son ampleur. Elle est l'épée de Damoclès suspendue au-dessus de l'Europe. Elle aura lieu peut-être à un moment difficile pour nous, parce que, dans le règlement oriental, nous nous sommes laissé mener par ces forces redoutables et mauvaises qui ont nom « la finance internationale, les affaires et les ambitions personnelles ». Nous ne voyons pas encore les effets de cette politique; certains heureux résultats, momentanés, nous cachent les conséquences prochaines de nos actes.

De ces pays arabes qui voulaient être libres on a fait une Pologne asiatique !

Quelle erreur fut la nôtre ! Une grande politique doit être honnête et loyale; cette loyauté et cette honnêteté ont toujours leur récompense, surtout lorsqu'elles s'appliquent à des nations. L'oubli de ces plus élémentaires devoirs n'amène que des désastres. On s'en apercevra un jour..

La faute des fausses manœuvres n'incombe pas à l'Entente seule. Les Arabes en ont une large part. Syriens, Libanais, Palestiniens, Mésopotamiens, Arabes de la Péninsule, forment un peuple fort intelligent, mais fataliste. Sur une population de 3.600.000 habitants que comptaient en 1914 les trois premiers groupes, il y avait cent mille élèves fréquentant les écoles européennes (françaises, anglaises et américaines) d'Orient.

Les colonies arabes à l'étranger étaient nombreuses : plus de deux cent cinquante mille aux Etats-Unis, 125.000 en Egypte, en Argentine, au Brésil, dix mille au Chili, etc., et ces expatriés possédaient de nombreux journaux, des banques puissantes, des personnalités de tout premier ordre dans toutes les branches de l'activité et de l'intelligence humaines.

En 1916, le gouvernement argentin donnait la statistique officielle suivante :

« 130.500 Libano-Syriens vivent dans ce pays ; sur ce nombre, 12.000 s'occupent d'agriculture, 20.000 sont colporteurs, 20.000 habitent la capitale, Buenos-Ayres. Les Syriens ont 12.000 maisons de commerce possédant un capital de 750 millions de francs, et ils ont des propriétés évaluées à 250 millions de francs. La somme totale de leur transit commercial est évaluée à 400 millions de livres sterling. Ils ont 19 journaux. »

En Egypte, une grande partie du personnel administratif et des ministères, d'une haute culture et d'une valeur reconnue, étaient des Syriens, des Palestiniens ou des Libanais.

Or, ces gens-là, riches et par conséquent puissants, n'ont pas ou ont peu aidé pécuniairement leurs représentants et leurs défenseurs. Les uns n'avaient plus aucun courage pour entamer la lutte; les autres ne pensaient qu'à leurs affaires; ceux-ci, trop jeunes, ne possédaient que leur ardeur et leur bonne volonté; ceux-là attendaient, pour s'engager, les résultats de la lutte. Tous, même ceux habitant l'étranger, avaient peur, pour leurs proches, des représailles des Turcs.

Après 1916, tandis que les Tchèques, les Yougoslaves, les Polonais, les Transylvaniens, les Arméniens avaient leurs comités de propagande, faisaient connaître au monde entier leurs desiderata, remplissaient les journaux des interview de leurs chefs, inondaient les hommes politiques et les intellectuels de leurs brochures, intéressaient par des documents économiques les hommes d'affaires et les négociants, les Arabes, eux, ne firent rien. Ils avaient foi en la justice de leur cause.

Aussi, devant cette carence, fut-il aisé à ceux qui y avaient intérêt, de les faire passer aux yeux du grand public pour des peuples presque sauvages, comme ceux du Centre-Afrique, sans instruction.

Depuis 1919, ces malheureux se sont aperçus de leurs erreurs et certains groupes ont dépensé des centaines de mille francs pour faire insérer quelques lignes dans des journaux, ceci en pure perte. Des événements mondiaux, peu éloignés, les aideront seuls à reprendre la situation qui leur est due.

Pour en revenir à ce que nous disions au début, en 1900 le monde entier était fortement intéressé par le mouvement arabe. Le programme du Comité national arabe, adressé aux nations de l'Europe et de l'Amérique, se résumait en ces mots :

Ce nouvel empire arabe s'étendra dans les limites de ses frontières naturelles, depuis la vallée du Tigre et de l'Euphrate jusqu'à l'isthme de Suez, et depuis la Méditerranée jusqu'à la mer d'Oman. Il sera gouverné par la monarchie constitutionnelle et libérale d'un Sultan Arabe.

Le vilayet actuel du Hedjaz formera, avec le terri_ toire de Médine, un empire indépendant dont le souverain sera en même temps le Calife religieux de tous les Mahométans.

Ainsi, une grande difficulté, la séparation du pouvoir civil du pouvoir religieux dans l'Islam, aura été résolue pour le plus grand bien de tous.

Ce programme fut modifié par la suite pour satisfaire les légitimes revendications des Libanais, des Palestiniens, des Syriens et des Mésopotamiens. Il fut entendu, entre autres, qu'il y aurait une confédération et une entente générale économique.

La lutte pour l'obtention de l'Indépendance, de 1906 à nos jours, peut se diviser en quatre périodes :

1° De 1906 à la révolution jeune turque (juillet 1908);

2° De 1908 à 1916 (la révolte);

3° De 1916 au 11 novembre 1918 (armistice);

4° De 1918 à nos jours.

II

De 1906 à la Révolution Jeune-Turque
(Juillet 1908)

Passons en revue tout d'abord la situation militaire durant cette période.

Les opérations se continuèrent au Yemen contre l'Iman Mohmoud Yahia. Le général Feizi pacha, après un siège d'un mois et des combats sanglants, fut obligé d'évacuer Sanaa et de se retirer en désordre sur Manaka; il avait perdu beaucoup de monde, plusieurs canons et des munitions.

La publication en Europe, par nos soins, de ces désastres successifs, exaspéra le sultan; il chargea son ambassadeur à Paris, Munir pacha, de démentir ces nouvelles qui furent confirmées par l'agence Reuter.

L'affaire de la frontière turco-égyptienne, d'El-Arisch à Akaba, s'envenimait en ce moment et les journaux nationalistes égyptiens demandaient à l'Angleterre d'empêcher les renforts destinés à Feizi pacha de passer la mer Rouge, afin de permettre aux insurgés de battre les Turcs et de s'emparer de La Mecque.

L'été (1906) survenant, Mahmoud Yahia se retira avec ses meilleures troupes sur Sanaa, sa capitale, et concentra les autres à Marib.

Feizi pacha, de son côté, attendait les 17.000 hommes de renforts promis par Constantinople et était aux prises avec les pires difficultés; quelques bataillons turcs et albanais, dont le temps de service était terminé, ne se voyant pas relevés, s'étaient mutinés; ils furent anéantis par l'artillerie.

En septembre, une sérieuse mutinerie éclata à Port-Saïd sur le transport turc « Assyr », qui avait à bord, à destination du Yemen, des réservistes d'Anatolie et 400 soldats syriens; 200 de ceux-ci furent enchaînés pour les empêcher de se jeter à la mer. A Port-Saïd, les 200 autres réclamèrent leur rapatriement. Le commandant du bord les ayant menacés, ils se révoltèrent, battirent les officiers, libérèrent leurs camarades et engagèrent une bataille à l'arme blanche avec les soldats turcs qui eurent le dessous. La police égyptienne dut intervenir. Les Syriens menacèrent de brûler le navire et de tuer tout le monde si on ne les rapatriait pas.

Ils obtinrent gain de cause.

En octobre, les opérations reprirent; le colonel Fait bey fut battu à Amran.

Mais, devant les nombreux renforts débarqués à Hodeïdah, les Arabes se replièrent dans les régions montagneuses, depuis Lahedj jusqu'à l'Assyr. A cette date (mars 1906), les forces turques comprenaient trois divisions, soit 48 bataillons de 500 hommes. Les deux premières étaient chargées d'assurer les communications entre le quartier général et la mer, la troisième était mobile et tenait campagne dans l'Assyr.

Attaqué à Anès, le général Aly pacha perdit 600 hommes et rétrograda vers Sanaa.

En avril 1907, Sanaa se rendit à l'Iman et, en août, le sultan lui envoya une décoration et une pelisse d'honneur, mais la délégation ne fut pas reçue.

Les événements militaires se succédèrent avec des alternatives diverses de succès ou de retraites stratégiques jusqu'à la révolution jeune-turque; la Turquie s'épuisait dans cette lutte stérile.

Dans l'Assyr, l'armée ottomane, sous les ordres
du général Youssef pacha, était battue une première fois en 1906 ; l'année suivante, près de
Ragdaz, le général Emin pacha perdait 7 bataillons sur 12 et regagnait Confunda.

En Arabie Centrale, l'émir du Shomer, Ibn
Erraschid, allié des Turcs, fut défait et tué dans
une longue bataille aux environs de Rodat-
Mahna, dans le Cassim, par Ibn Esséoud, l'émir
du Nedjed, un des apôtres de l'indépendance
(1906). Une colonne de 4.000 hommes envoyés au
Nedjed, sous les ordres du général Sidki pacha,
dut rentrer en désordre à Badgad avec 1.000 sur-
vivants.

En Mésopotamie, la Porte n'exerçait plus de
réelle influence que sur les grands centres forti-
fiés. Les habitants préféraient payer la dîme aux
Emirs, chefs des puissantes tribus du pays.

En Syrie, à Beyrouth, une commission mixte,
composée de musulmans et de catholiques, réclamait des réformes et de l'ordre.

En Palestine régnait un mécontentement général contre le gouverneur Reschid bey; ce dernier dépouillait des tribus arabes de leurs terres
pour les vendre aux Sionistes et à l'agent de
l'Alliance Israélite qui avaient fait venir 15.000
Juifs de Russie. L'opération avait rapporté au
vali la modique somme de trois millions.

Enfin, l'affaire de la frontière égyptienne
s'éternisait. Elle avait menacé de prendre une
tournure tragique; un délai de réponse fut donné
à Constantinople et M. Négib Azoury bey fut,
pendant huit jours, l'hôte de l'amiral anglais à
Port-Saïd ; il devait être débarqué à Beyrouth
avec les blue-jackett. La Turquie céda.

Partie politique. — Le Comité arabe avait, depuis 1904, et plus particulièrement en 1905 et

dans les premiers mois de 1906, déployé une grande activité à l'étranger; mais les gouvernements européens, liés par leurs intérêts en Turquie, ne voulaient pas s'engager avec les Arabes, ni leur fournir aucuns subsides. Or, sans argent, sans armes, aucun soulèvement n'était possible.

Nous renonçons à toute campagne de presse, m'écrivit-on du Caire. Nous ne comptons pas sur les puissances par sympathie ou par sentiment, mais nous sommes convaincus que plusieurs d'entre elles seront forcées de nous aider, parce que ce sera une question de vie ou de mort pour elles-même. En attendant personne ne veut se donner la peine de nous aider ; chacun compte sur son voisin et, en attendant, il exploite notre affaire auprès du Sultan.

Et, un mois plus tard (mai 1906) :

Faites toutes les démarches qui vous paraîtront avantageuses ; avisez-nous seulement du résultat.

Cependant, l'affaire d'Akaba avait secoué les Anglais et, dans la presse anglaise, le *Times*, le *Standard*, la *Pall Mall Gazette* et le *Globe* publièrent des articles très longs en faveur des Arabes. C'était un feu de paille, une tentative de pression sur les Turcs.

Au même moment, à Paris, nous proposions la formation d'une mission commerciale destinée à se mettre en rapport avec les grands chefs arabes et à lier avec eux des relations économiques. Une partie des bénéfices, qui nous revenait de droit, devait servir à des fins politiques extrêmement avantageuses pour la France.

Comprenant à merveille le but que nous poursuivions et son intérêt pour l'avenir et la sécurité de notre pays, MM. Charles Dupuy et Pauliat, sénateurs, Ribot, Doumer, députés, Paul Leroy-Beaulieu, Girod, président de la Chambre de commerce française de Constantinople, acceptèrent de faire partie du Comité de patronage. Les industriels et les gros négociants, de différents centres importants, ne se rendirent pas compte de l'ampleur de cette affaire qui n'était pas proposée par une banque. Seul, parut s'y intéresser un groupe cosmopolite derrière lequel nous eûmes vite découvert le frère de l'agent secret allemand en Egypte; nous ne voulumes pas poursuivre plus avant.

De son côté, le Ministère des Affaires étrangères n'avait pas de crédits suffisants. L'affaire n'eut donc pas de suites.

Négib Azoury et nous décidâmes alors de créer à Paris une revue : *L'Indépendance Arabe*, qui parut d'avril 1907 à septembre 1908 et qui fut destinée à faire connaître les questions d'Orient. Nos collaborateurs furent principalement MM. Albert Vandal, Ludovic de Contenson, J. Cornély, René Pinon, A. Mérignhac, Pauliat, Albert Riondel, E. Fazy, A. Leroy-Beaulieu, Victor Bérard, etc. Très lue à l'étranger, cette revue provoqua des articles dont il convient de dire quelques mots, car ils marquent une époque.

Dans les premiers mois de 1907, M. Archibald J. Dunn, membre de la Société royale de l'Asie Centrale de Londres, prononça, en faveur de l'Indépendance Arabe (1), un important discours devant plus de mille auditeurs de marque, parmi lesquels on comptait plusieurs anciens ministres et quarante membres du Parlement et de la Chambre des Lords. L'impression fut profonde. Toute la politique allemande et anglaise y était passée en revue avec des détails et des précisions remarquables. L'orateur cita ce passage du travail du docteur Hugo-Grothe, « The Bagdad-bahn » :

Puisse le nouveau siècle ne pas se terminer avant

---

(1) Pages 1, 5, 6, 7, 8 du n° 1 de l'*Indépendance Arabe*, qui se trouve à la Bibliothèque Nationale.

que la Mésopotamie soit mise en valeur par des cultivateurs et des instruments agricoles allemands, et que la plaine qui s'étend entre Alep, Orfa, Madrin et Nisibin soit couverte de beaux épis, semblables à ceux de la Russie méridionale, semés par des mains allemandes, et que les vallées innombrables qui descendent du Taurus soient tapissées de vignes pareilles à celles de la Palestine pour contribuer à la prospérité de la Turquie et à notre propre richesse.

M. Dunn ajoutait :

C'est un fait connu qu'une rumeur s'est répandue, il y a quelque temps, en Syrie et au Yemen, que le Kaiser a offert au Sultan ottoman l'aide de ses forces pour mater la révolte arabe, en retour de certaines concessions et d'avantages commerciaux.

Et, dans d'autres passages :

En 1905, la Ligue de la Patrie arabe, qui représente la cause nationale, a lancé un appel aux puissances...

Cet appel a été publié dans plusieurs journaux de France et a reçu partout un accueil favorable et sympathique.

...Un empire arabe ou une confédération d'Etats arabes assurerait la prospérité et le bonheur de plusieurs millions d'hommes, mettrait fin à la corruption et à l'oppression des fonctionnaires turcs et ferait renaître l'antique civilisation qui a illustré l'Arabie au moyen âge.

Le 15 janvier 1908, M. Martin Hartmann, dans l'*Orientalistiche Litteratur Zeitung* (1), écrivait à propos du chemin de fer du Hedjaz et de ses conséquences :

La grande œuvre que le Turc va bientôt terminer ne lui sera d'aucune utilité; d'autres en profiteront. Quels seront ces autres ?

On ne croit pas au mouvement arabe qui n'a pas encore donné des résultats saisissables. Les différents organes de cette tendance et surtout l'*Indé-*

---

(1) L'*Indépendance Arabe*, revue, n° 11-12, pages 171, 172.

pendance Arabe, qui paraît à Paris, ne peuvent pas être considérés comme des produits suffisamment sérieux d'un mouvement de ce genre. Mais la semence est jetée; l'idée : « Nous autres, Arabes, nous ne voulons plus être les esclaves des Turcs; nous voulons, en nous unissant, nous gouverner par nous-mêmes, dans notre langue et selon nos usages », se répand de plus en plus. Cette idée rencontre toutefois quelque résistance chez une certaine catégorie de musulmans. Il est évident que l'état actuel des choses en Syrie et en Arabie est insupportable; il n'y a presque personne qui ne souffre individuellement du régime tyrannique de ces méchants Turcs. Mais que faire ? Pour mettre en réalisation des projets aussi grands, il faut que tous les partis sans distinction fassent des sacrifices considérables ; sans effusion de sang et sans frais la chose est impossible, d'autant plus que cette entreprise ne peut compter sur aucun secours ni sur aucune sympathie venant du dehors. Du reste les Arabes sont fort intelligents et ils se rendent bien compte qu'une partie des grandes puissances a intérêt à maintenir le sultan turc, comme ils voient aussi bien que les gouvernements qui n'ont pas cet intérêt aimeraient mieux les avaler eux-mêmes que de laisser surgir en Arabie une espèce de commune qui constituera pendant longtemps un brandon de discorde et une menace perpétuelle pour la paix européenne.

On admire non sans raison la rapidité avec laquelle les nouvelles circulent dans le désert et se répandent dans les parties les moins habitées de l'Asie-Mineure ; c'est de cette manière que s'y colportent les nouvelles doctrines, qui dirigent les idées et les hommes.

.. ..

Or les habitants de la Syrie se sont élevés à un degré de culture très appréciable : ils savent en majorité lire et écrire et un grand nombre d'entre eux a puisé au contact des Européens de réelles conceptions d'organisation et de liberté.

.. ..

Quoi qu'il en soit, l'idée arabe l'emportera quand même. Il serait certes important de prévoir l'avenir de ce côté ; mais nous pouvons sans hésitation affirmer ceci : que le chemin de fer Damas-La Mecque sera un puissant facteur de l'indépendance des Arabes. Ainsi donc, lorsque les villes saintes seront traversées par les rails et que Damas sera reliée à l'Arabie toujours Heureuse, cet instrument de domination et d'intrigues politiques qu'on appelle la ligne sacrée du Hedjaz se tournera contre ceux qui l'ont construit et se transformera en agent de culture et de civilisation. »

Le 13 mai 1908, la *Pall Mall Gazette* (1) faisait paraître : « *L'Arabie dans le Creuset* », émanant d'un diplomate fortement documenté. Nous en extrayons les passages principaux :

Pendant un long séjour dans la Mer Rouge entre Aden et Suez, j'ai pu apprendre bien des choses sur le drame qui se joue entre les Turcs et les Arabes. Toutes les informations recueillies prouvent que les complications qui peuvent surgir auront une répercussion internationale d'une grande importance. Elles sont unanimes à mentionner le projet de la création d'un nouvel Empire Arabe indépendant des Turcs et d'un nouveau Califat... Mon hôte (à Port Soudan) me dit que l'on fonde de grandes espérances sur *la Ligue de la Patrie Arabe dont l'organe à Paris* saura attirer la sympathie de l'Europe sur un peuple qui lutte pour sa liberté.

L'auteur appuie ensuite sur les empiétements successifs de l'Allemagne en Orient et sur l'article de Hartmann qui déclare nettement que les progrès agressifs des Allemands en Turquie ont pour but de combattre les intérêts anglais partout où ils se trouvent. Il ajoute :

Si le mouvement national arabe toujours plus fort ne suffit pas, notre diplomatie doit rendre impossible sur la côte de la Mer Rouge la réédition d'une menace semblable à celle de Kiao Tchéou.

Il était indispensable de citer ces articles suggestifs. Le gouvernement français avait la tendance, à cette époque, de ne pas prendre au sérieux le mouvement arabe et même d'émettre des

---

(1) *L'Indépendance Arabe*, revue, n° 13-14, pages 195, 196.

opinions ironiques à son sujet. Cette attitude lui est habituelle, d'ailleurs, et il la communique à la presse lorsqu'une question le gêne. L'Allemagne et l'Angleterre, très bien renseignées par des agents diplomatiques et consulaires de tout premier ordre et observateurs judicieux et avertis, suivaient au contraire avec attention ce réveil d'un peuple.

Survint la révolution jeune-turque (juillet 1908). Négib Azoury publia alors une note explicite dans notre revue de septembre 1908 :

En présence des événements actuels, nous avons tenu à mettre à exécution les promesses que nous avions toujours faites à nos amis les Jeunes Turcs, de mettre bas les armes et de collaborer avec eux à la régénération de l'Empire Ottoman, le jour où nos efforts communs auraient arraché la Constitution au Sultan Abdul-Hamid.

A cet effet, nous avons délibéré avec nos excellents confrères Ahmed Riza et le prince Sabaheddine, et nous sommes tombés d'accord, de sorte qu'à présent notre programme ne diffère pas du leur. Si plus tard le Parlement donnait des preuves de vitalité et de libéralisme éclairé, nous renoncerions alors à notre campagne pour travailler à l'établissement d'un régime d'autonomie administrative pour notre pays par les voies constitutionnelles.

Ahmed Riza, du parti « Union et Progrès », avait préconisé l'idée suivante qui   t raisonnable à ses interlocuteurs : le pri... Sabaheddine, du parti Terakki, qui réclamait la décentralisation administrative et l'autonomie des divers peuples composant la mosaïque ottomane, les Drochakistes et les Hentchakistes, puissantes sociétés arméniennes voulant l'indépendance de l'Arménie sous une forme ou sous une autre, et enfin le parti arabe :

Du moment que nous avons obtenu la Constitution et la liberté de la parole et de la presse, et que le Parlement est ouvert à toutes les discussions, il serait de notre intérêt commun que vous vous ralliez à nous tout en gardant vos convictions.

Plus tard, vous soumettrez chacun vos opinions respectives devant le Parlement qui en sera juge. Si vous ne pouvez pas convaincre cette Assemblée dans une première délibération, il vous sera loisible de revenir à la charge quand vous le jugerez opportun.

III

De Juillet 1908 à la Guerre des Balkans
(Octobre 1912)

La trêve entre les Arabes et le gouvernement ottoman fut brève. Les Jeunes Turcs n'étaient que des assoiffés de pouvoir et n'avaient nullement l'intention de tenir leurs engagements.

Leur premier acte fut d'écarter la candidature au Parlement de Négib Azoury bey, revenu en Palestine. Par décret du 31 juillet 1904, il avait été condamné à mort « pour avoir quitté son » poste sans permission et s'être rendu à Paris, « où il s'est livré à des actes compromettant » l'existence de l'Etat. » Mais Kiazim bey, alors gouverneur, crut bien servir le sultan en impliquant Négib Azoury dans une histoire d'assassinat, inventée de toutes pièces et commise en 1902, et en réclamant du gouvernement égyptien son extradition qui fut refusée; mais un jugement intervint, condamnant Négib Azoury à 15 ans de prison.

Les Jeunes Turcs, forts de cet arrêt, déclarèrent qu'il fallait le réviser et, qu'en attendant, le faux condamné devait s'abstenir de tout acte de candidat et demeurer chez lui, en observation. Le Comité Syrien du Caire télégraphia en pure perte à Constantinople.

Négib Azoury put s'enfuir et regagner Le Caire. Entre parenthèses, ce fut heureux pour lui; il eût été massacré, comme plusieurs députés, quelques mois après.

La lutte réelle pour l'Indépendance, plus âpre,

recommença. La déloyauté du Comité « Union et Progrès », proclamée dans toute la presse arabe d'Egypte, fut connue partout et produisit un effet désastreux.

En Angleterre et en France on mit un très long temps à s'apercevoir que la révolution n'avait rien changé au régime, et qu'à l'opposé d'Abdul-Hamid, plus diplomate, les nouveaux dirigeants s'engageaient de plus en plus dans l'alliance allemande. Les grands mots de liberté et de constitution, ainsi que l'appui de la franc-maçonnerie, avaient produit leur effet à Londres et à Paris. Personne ne voulait convenir que le joug turc devenait écrasant et que les exactions des valis étaient plus fortes qu'auparavant. Les nouveaux venus voulaient de suite s'enrichir ; ils avaient assez attendu, soit dans les bas grades de l'armée, soit en exil.

Fiers de la réussite de leur coup de main à Salonique et de leur arrivée au pouvoir, se croyant sûrs du succès, grâce à leur récent prestige, les Jeunes-Turcs ne voulurent pas ratifier les accords presque acceptés au Yemen et dans l'Assyr. Aussi, la guerre reprit-elle avec une grande vigueur.

Fin 1910, Sanaa était investi, Taïz assiégé et 36 bataillons de soldats Anatoliens — on n'osait plus envoyer des Arabes — furent transportés dans l'Arabie Sud. Les maladies, les défections, les balles et la farouche énergie des Yéménites eurent raison du nombre et, en 1911, Sanaa était pris, Hodeïdah et Manakka encerclés. Les négociations recommencèrent et aboutirent en 1913, par la reconnaissance de l'indépendance « intérieure » de Mahmoud Yahia.

Dans l'Assyr, le chef-lieu, Assyr, tombait aussi au pouvoir des rebelles et le Seïd Ydriss, chef de la révolte — homme d'une haute culture européenne — posait les mêmes conditions que l'iman du Yemen et les obtenait.

Une dépêche de Vienne, en date du 31 janvier 1911, donnait les renseignements précis sur la gravité de la situation :

Vienne, 31 janvier.

La situation dans l'empire ottoman est jugée, par les milieux *très bien informés*, comme loin d'être rassurante. On conçoit des craintes très vives pour le printemps prochain, si les Jeunes Turcs ne parviennent pas, d'ici là, à mater la rébellion de l'Yémen. L'état des esprits sur d'autres points de l'empire, fait présager de graves événements pour cette époque. En Mésopotamie et en Syrie, les populations se montrent mécontentes ; les Arméniens commencent à ne plus s'accommoder du régime des successeurs d'Abdul-Hamid. L'Albanie donne toujours des inquiétudes. Enfin, on sait, de source certaine, que de grandes quantités d'armes et de munitions ont été introduites en Macédoine.

La non-renouvellement du traité de commerce turco-bulgare est également considéré comme de fâcheux augure.

Les chefs du régime précaire établi à Constantinople réussiront-ils à surmonter les difficultés qui l'assaillent de toutes parts ? Les amis de la Turquie, comme tous ceux pour qui l'annonce seule de nouvelles complications en Orient semble une menace pour la paix de l'Europe, l'espèrent sincèrement.

En Syrie et en Palestine, la position des Turcs n'était pas meilleure. Le 14 décembre 1910, le *Journal* disait, sous la signature de Saint-Brice :

Le gouvernement jeune turc n'est pas près d'en avoir fini avec les difficultés intérieures. Tandis que l'Albanie reste frémissante, que les bandes bulgares renouvellent leurs exploits en Macédoine, des troubles plus graves encore agitent toute la région comprise entre la Palestine, la Syrie et le nord de la péninsule arabe. Il y a quelques jours, on signalait le massacre de la garnison, des fonctionnaires et d'une partie de la population de Kerak, dans le voisinage de la mer Morte, l'attaque de trains sur la ligne du Hedjaz. Les dernières nouvelles présentent la situation sous un jour encore plus alarmant :

Beyrouth, 13 décembre. — *La situation est critique dans le Hauran, la Palestine et le nord de l'Arabie. La plupart des tribus des Druses et des Bédouins sont en insurrection ouverte. Dans beaucoup d'endroits les chrétiens ont été obligés de faire cause commune avec les rebelles. Les fils télégraphiques sont coupés, un grand nombre de fonctionnaires, et notamment d'employés de chemins de fer, ont été massacrés. D'autres ont disparu, parmi lesquels Chakir pacha. Des trains ont déraillé, des gares ont été détruites, des wagons brûlés. Des voyageurs seraient retenus prisonniers et on a les plus grandes inquiétudes sur leur sort. Un bataillon turc est cerné. On assure toutefois que les chrétiens et les sœurs du Rosaire ont pu se réfugier à Maan, où ils sont en sûreté. Il n'y a pas de désordres à Jérusalem et à Hébron. Sami pacha est parti avec cinq bataillons pour rétablir l'ordre. Ces forces paraissent bien faibles si l'on réfléchit que la zone troublée couvre quelque 500 kilomètres.*

Ces troubles ont leur origine dans la tentative faite par le gouvernement jeune turc pour supprimer les privilèges des tribus druses, leur imposer le service militaire et l'impôt. On reconnaît là la manie égalitaire du nouveau régime ottoman. Les Druses ont résisté. Ils occupent une situation très forte dans le massif du Liban, appuyés d'un côté sur la mer et de l'autre sur le désert. Une expédition d'une vingtaine de mille hommes envoyée contre eux sous les ordres de Sami pacha n'a pas réussi. Cet insuccès a enhardi les tribus bédouines du désert de Syrie, qui ne peuvent se résigner à la libre circulation du chemin de fer du Hedjaz. La construction de cette voie ferrée les a privés de leur principale ressource : le rançonnement des caravanes se rendant aux lieux saints de l'Islam. Ils ont saisi la première occasion de faire à cette fatale concurrence tout le mal possible.

Quant à la participation des chrétiens aux troubles, elle ne peut être que très restreinte et elle trouve son explication naturelle dans la situation des Maronites. Ces malheureuses populations, abandonnées par l'impuissance des autorités turques, exposées aux vieilles rancunes de leurs éternels ennemis druses, se trouvent prises entre le marteau et l'enclume.

En réalité, l'affaire se présentait d'une façon

plus grave, mais les Turcs faussaient les nouvelles et les Arabes n'avaient pas de moyens de communication avec la presse.

Tout d'abord, il n'y eut pas de massacre de chrétiens, le tiers au moins des tribus de la Transjordaine étant chrétien. Ces chrétiens se divisent en deux rites : les orthodoxes et les catholiques latins, et ils sont desservis tous deux par des missionnaires envoyés par leurs patriarches respectifs de Jérusalem.

Il y a une église latine et une église grecque-orthodoxe à Salt, à Madaba, à Kerak. Les ouailles ne les fréquentent que lorsque leurs tribus campent près de ces localités; lorsqu'ils en sont éloignés, les missionnaires viennent les visiter.

Chez les nomades, il n'y a pas de fanatisme : catholiques, orthodoxes et mahométans vivent en parfaite intelligence, et lorsqu'on se trouve parmi eux on s'aperçoit difficilement qu'ils appartiennent à des cultes différents. Il faut noter, toutefois, qu'ils ont plié la religion à leur genre de vie, ce qu'ont toléré les ministres du culte. Ils sont restés déistes avant tout.

Il n'y avait donc pas de question religieuse dans l'insurrection. Celle du désarmement n'existait pas non plus, puisque ces tribus n'étaient presque pas armées, sauf les Druses du Hauran. En réalité, ce qui incitait tout ce monde à se révolter, c'était l'horreur profonde des vexations et de la vénalité du régime turc, jeune ou vieux indistinctement, car sous ce rapport tous les deux se ressemblaient.

Quant à la partie militaire de l'opération, voici ce qui s'était passé :

Le général Sami pacha, envoyé contre les Druses révoltés, crut les avoir vaincus en les forçant à gagner le désert. Grisé par ce succès incertain, il voulut étendre jusqu'au pays de Moab, c'est-à-dire toute la Transjordaine depuis Pétra jusqu'au Hauran, les opérations de recensement et de conscription militaire. Il répartit six bataillons d'infanterie avec 16 canons de campagne, comme gardes des agents chargés de ces travaux, dans les différentes tribus de la région.

Ces troupes s'y livrèrent à toutes sortes d'excès; elles voulaient des moutons, du lait, du beurre, des volailles, pour leurs repas, de l'orge pour leurs chevaux, et enfin des femmes pour leurs plaisirs. Or, si l'hospitalité des Arabes est légendaire, leur susceptibilité au sujet des femmes ne l'est pas moins. Puis, la saison était mauvaise, les vivres se faisaient rares.

Un complot se forma. Par une nuit sans étoiles presque tous les six bataillons turcs furent anéantis; les seize canons furent pris et vendus à l'émir du Shomer. Ni Salt, ni Madaba n'échappèrent au massacre. A Kerak, une partie des fonctionnaires se réfugia dans l'enceinte isolée de la citadelle, admirable château fort.

Sami pacha n'osa poursuivre un ennemi insaisissable, de peur de tomber dans des embuscades et échelonna ses troupes le long des routes qui reliaient Kerak à la Cisjordaine.

Sur l'ordre de Constantinople, il dut renoncer au recensement, à la conscription et au désarmement. Il avait subi une autre défaite aux environs de Salt, de la part des Druses, soutenus par les Arabes Beni Sakr : 15 officiers et 100 hommes tués, 350 soldats et officiers blessés.

En mars 1914, les tribus Ansarieh se révoltaient (Lattakié).

En Arabie Centrale, Ibn Séoud, avec ses Wahabites, s'était rendu maître de presque toute l'Arabie Centrale, avait réduit à peu de chose le domaine d'Ibn Raschid et avait étendu ses conquêtes jusque dans l'Oman, dont l'Iman était le protégé de l'Angleterre. Effrayée, la Porte donna l'ordre au vali de Damas de réunir une armée de Druses et d'Arabes nomades pour les envoyer contre l'émir du Nedjed. Les conscrits s'enfuirent ou se mutinèrent.

Constantinople télégraphia à l'émir de La Mecque de former une armée pour envahir le Nedjed par l'Ouest, mais l'émir répondit qu'il lui fallait 100.000 livres. La caisse du trésor étant vide, l'expédition ne put avoir lieu (1913).

Dans l'Irak des troubles sérieux éclataient. Le Kurdistan lui-même manifestait son mécontentement (1913-14).

Entre temps avaient eu lieu la guerre italo-turque (1911-1912) et celle des Balkans (1912-13) qui avaient amoindri le prestige de la Turquie et son territoire.

Ces conflits expliquent la cessation des hostilités au Yemen et dans l'Assyr et la signature des reconnaissances d'indépendance. En 1913, les troupes turques, abandonnant l'Arabie, avaient regagné en hâte Tchataldja, en passant par Akaba et le chemin de fer du Hedjaz, tandis que les états-majors prenaient les paquebots français pour éviter d'être faits prisonniers par la flotte grecque.

Questions diplomatiques et politiques. — Cette période de la révolution jeune-turque à la guerre de 1914, fut d'un intérêt puissant au point de vue arabe. L'activité des dirigeants du Comité de l'Indépendance fut prodigieuse et il ne dépendit pas d'eux que la réussite ne vînt couronner leurs efforts.

A Constantinople, la politique sectaire du Comité « Union et Progrès » s'accentuait. Le prince Sabaheddine, partisan de l'autonomie à accorder aux diverses nations englobées dans l'empire ottoman, ayant protesté contre les procédés d'Ahmed Riza, d'Enver et de ses associés, dut s'enfuir.

Les officiers arabes de l'armée turque, qui avaient fait partie du Comité militaire, ayant proclamé la Constitution, furent rappelés des pays arabes où ils tenaient garnison, gardés six mois à Constantinople, puis versés dans l'armée d'Anatolie. De concert avec certains publicistes Syriens et Libanais, parmi lesquels Ibrahim S. Naggiar, ils fondèrent un club arabe, Al Ahd, qui prépara la révolte; le nombre des adhérents s'élevait à quatre mille.

De son côté, Négib Azoury, sollicité par les tribus arabes, s'occupait avec nous de l'armement de tous les volontaires. Ce fut une préparation longue, délicate, extrêmement onéreuse pour nous; le choix et la recherche des armes, l'expédition des modèles et leur adoption, le transport de quelques milliers de mousquetons Vetterli en Egypte, avec leurs munitions, l'envoi d'émissaires par le désert du Sinaï, demandèrent plusieurs mois.

Tout était en bonne voie de réussite lorsque la guerre italo-turque éclata. La flotte italienne, bloquant les côtes, empêcha le transport des fusils par mer. Nous avions un voilier à notre disposition; il ne put sortir. Les tribus attendaient impatiemment les livraisons promises. Elles ne purent profiter des incidents de la guerre et l'armée arabe, dont les officiers attendaient le signal donné par toutes les tribus, fut immobilisée.

Pressés par des échéances, nous dûmes, en fin de compte, rétrocéder notre stock à un négociant éthiopien. Les pertes étaient lourdes; mais, ce qui était plus grave, c'était la non réussite de nos efforts.

Cependant, le mouvement arabe prenait de

l'ampleur. Négib Azoury avait créé au Caire une Loge, sous la forme maçonnique, du rite écossais, mais dont le but était semblable à celui des Carbonari : la libération de la nation. En peu de temps, tous les pays arabes eurent des filiales de la Loge du Caire ; ce fut un réseau serré qui groupa tous les émirs, les cheikhs, les officiers, les notables, les fils de grandes familles, les étudiants.

Un peu d'appui, même discret, à ce tournant de l'histoire, eût été indispensable. La situation générale en Orient était délicate et demandait une attention suivie. Nous l'exposâmes le 13 août 1911 dans la *Dépêche de Toulouse* :

LE PROCHAIN CONFLIT

Notre diplomatie et celle de la Triple Entente n'auront pas terminé l'affaire du Maroc qu'elles devront s'exercer avec plus de perspicacité et d'énergie en Orient. La question d'Agadir, si délicate cependant, est minime à côté des événements qui se préparent dans les Balkans et qui auront leur contre-coup en Asie-Mineure.

Gouverner, c'est prévoir, dit-on. Or, a-t-on prévu en haut lieu le conflit inévitable qui mettra bientôt aux prises toutes les puissances dans le bassin oriental de la Méditerranée ? A-t-on envisagé toutes les données du problème et ses conséquences inéluctables ? A-t-on préparé les voies et moyens pour répondre aux coups qui vont être sûrement portés par l'Allemagne et l'Autriche ? S'est-on ménagé les alliés nécessaires en dehors de la Triple Entente ?

Sans vouloir répondre à ces interrogations, voici les faits :

Le journal *Nap* vient de publier en Autriche des articles sensationnels sur le but poursuivi par le gouvernement impérial dans les Balkans et annonce que les plans de campagne sont prêts à être mis en application dès le vote de la loi de l'augmentation du contingent. L'occupation de Salonique est indiquée en termes précis. L'entrée en Turquie se ferait par le sandjac de Novi-Bazar.

C'est la poussée vers l'Est, lente mais continue,

qui s'est révélée par l'occupation définitive de la Bosnie et de l'Herzégovine, poussée prévue et préconisée de longue date par des conseils répétés de l'Allemagne. Celle-ci rêve pour son alliée l'empire d'Orient, et pour elle-même l'hégémonie sur tous les peuples allemands. Elle aura de la sorte une emprise sur la Méditerranée, ce qui lui est nécessaire pour ses intérêts en Asie-Mineure.

De longue date elle a poursuivi la réalisation de son rêve. Pour y parvenir, il fallait essayer de briser l'alliance franco-russe ou l'amoindrir, témoin l'entrevue de Potsdam, de rompre l'entente cordiale, témoin les avances répétées faites à l'Angleterre, d'isoler la France tout en la terrorisant par la crainte d'un conflit armé, témoin Agadir et d'occuper les uns — France et Angleterre — à l'Ouest, l'autre — la Russie — en Perse, afin de laisser le champ libre à l'Autriche. « Divide ut regnes », ont dit les Romains. Nul adage n'est plus exact en ce qui concerne la politique allemande.

La situation de l'empire ottoman est rien moins que brillante. Les révoltes continues des Malissores et des Albanais, soi-disant réglées par un compromis tout à l'avantage des insurgés, celles plus graves encore du Yemen et de l'Assyr, où les forces turques fondent à vue d'œil sans pouvoir obtenir de succès, l'insurrection récente de la Transjordaine où les Turcs n'ont pu imposer les opérations de recensement et de désarmement, sont des indices graves de désagrégation. La cause en est dans l'esprit déplorable qui anime les Jeunes-Turcs. Il aurait fallu, pour régénérer leur pays, que ceux-ci fissent preuve de modération et accordassent de grandes libertés aux diverses nationalités qui composent l'empire, une certaine autonomie même. Le sectarisme n'a pas permis cette politique, au grand désespoir des Turcs sages qui aiment leur patrie et voient avec terreur l'abîme qui se creuse sous leurs pas ; ils se répètent tout bas que le partage de la Turquie est déjà élaboré par plusieurs chancelleries.

L'Allemagne est cependant le défenseur attitré du Grand Turc. Qu'on se rappelle toutefois l'histoire du Petit Chaperon rouge ! Certes, jusqu'ici, l'empereur s'est bien gardé de demander ou de prendre le moindre territoire. Plus adroite que les autres puissances de la Triple Entente qui ont à leur passif la Tunisie, l'Egypte, Chypre, le Caucase, l'Allemagne s'est installée comme un rat dans un fromage, sans que sa présence se soit révélée à l'extérieur ; mais, que d'intérêts économiques de tous genres elle a obtenus ! que d'entreprises officielles et privées elle a mises en train ! Elle est chez elle, en Turquie d'Asie, prête à cueillir le fruit bien mûr et à justifier son intervention au jour indiqué. Pour de pauvres petits intérêts inconnus, inexistants presque, au Maroc, n'a-t-elle pas failli déchaîner une guerre ?

En résumé, l'Allemagne est l'amie de la Turquie jusqu'au jour où la situation de cet empire sera telle que son amitié ne résistera plus aux nécessités du moment. Ce jour est proche.

Quelle politique aurait dû suivre la Triple Entente pour barrer la route à l'Autriche et par conséquent à l'Allemagne ?

Au moment de la révolution ottomane, la Triple Entente a fait de la politique de sentiment, a applaudi aux succès des Jeunes-Turcs, leur a donné un appui moral et a abandonné ses revendications en faveur de la Macédoine, de l'Arménie, etc. Elle espérait conquérir l'amitié de la Turquie et faire pièce ainsi à l'Autriche et à l'Allemagne. L'idée pouvait être louable, à condition de ne reculer devant aucune conséquence. Or, dès la violation du traité de Berlin, la Triple Entente a protesté timidement, de crainte d'une guerre, et a laissé faire l'Autriche. Le Jeune-Turc, nous voyant aussi timorés, a compris que nous ne lui serions jamais d'aucun secours et s'est rapproché de nos adversaires. Le but était manqué, mais, par contre, la Bulgarie, la Serbie, la Macédoine, l'Arménie avaient pu se convaincre qu'elles n'avaient plus à compter sur nous.

Or, si nous avions compris nos véritables intérêts, nous aurions profité de la faiblesse des Turcs, des aspirations de tous ces peuples, pour créer à notre avantage une grande Confédération balkanique et donner leur indépendance à l'Arménie et à la Syrie et Mésopotamie.

Il aurait fallu pour ce faire une volonté absolue de réussir et bannir toute crainte. Or, aujourd'hui, il est trop tard. L'Autriche a tous les atouts dans sa main et ne craint aucune complication ; elle a su amener à elle tous les peuples des Balkans, certains d'avoir des augmentations territoriales à leurs convenances. L'Autriche a besoin du port de Salonique ; elle peut abandonner à ses petits voisins les reliefs du festin, pourvu qu'elle occupe ce point et la ligne d'arrivée.

Quelle attitude doit maintenant observer la Triple Entente ?

L'Autriche à Salonique, les Balkans seront coupés en deux, la Méditerranée orientale deviendra allemande, l'Asie Mineure sera transformée en colonie teutone et les Indes seront menacées. Tel est le plus clair résultat de notre attitude, vis-à-vis de l'entente étroite austro-allemande, il y a trois ans, et de la peur d'un conflit. Celui-ci n'est que retardé, à moins que nous ne cédions encore ; mais des concessions nouvelles de notre part sont devenues impossibles ; les raisons en sont multiples.

En dehors du statut de la Méditerranée, qui ne peut être changé sans porter un grave préjudice aux trois puissances de la Triple Entente, la France verrait disparaître ses droits politiques et ses intérêts économiques en Syrie et dans le Liban ; l'Angleterre serait menacée directement en Egypte et aux Indes ; la Russie se verrait touchée dans la mer Noire, au Caucase et en Perse. La Triple Entente ne peut admettre cette *diminutio capitis* à moins de consentir une fois pour toutes à la prépondérance de l'Allemagne.

Mais, objectera-t-on, l'hypothèse d'une marche de l'Autriche sur Salonique peut ne pas se réaliser ; donc, jusqu'à nouvel ordre, il n'y a aucune crainte à avoir.

Il est impossible naturellement de donner une précision absolue et une affirmation complète ; mais il suffit que la question ait été posée par l'Autriche elle-même pour prendre des précautions, et la situation intérieure de la Turquie ramènera forcément dans peu de temps une intervention des puissances. On peut même ajouter que l'octroi de concessions multiples aux Malissores et aux Albanais, par les Turcs si intransigeants et si menaçants la veille provient de l'attitude de l'Autriche. Quant au Monténégro, il était royalement soutenu. L'imminence du danger a imposé cette politique de modération aux Turcs.

Que peut faire la Triple Entente ?

Soutenir l'intégrité de l'empire ottoman ? Mais comment résister à tant d'intérêts disparates, à des convoitises suscitées chez les uns et les autres par le plus intéressé ? Comment ne pas admettre les aspirations des peuples si opprimés par les Turcs et que nous acceptions hier ?

Il est préférable de reprendre l'idée d'une grande Confédération balkanique, sans l'intrusion de ce dangereux larron qu'est l'Autriche, et l'appuyer s'il le faut les armes à la main. C'est dans ce but que la diplomatie anglo-russo-française doit s'employer sans tarder.

Ce qu'elle doit faire également, pour l'Asie Mineure, c'est s'assurer cette force énorme, encore peu connue mais réelle, qui constitue la nation arabe. *Celle-ci se réveille ; elle sera prête bientôt et elle sera en notre faveur, si nous le voulons, l'appoint, et aussi la digue nécessaires.*

Survint la guerre italo-turque. Ainsi que nous l'avons dit plus haut, elle arrêta net la livraison des armes. Négib avait cependant les preneurs sur place. Nous pensâmes que le nouveau conflit pourrait servir nos plans. Si l'Italie se prêtait à nos combinaisons, elle obtiendrait les plus sérieux avantages économiques des futurs gouvernements arabes. C'est dans ces conditions que nous demandâmes, le 1ᵉʳ décembre 1911, une entrevue à S. Exc. M. Tittoni, ambassadeur d'Italie. Il nous répondit de suite :

Ra Ambasicata
    d'Italia

               Parigi, 50, rue de Varenne
                 le 4 décembre 1911

    Monsieur,

S. E. l'Ambassadeur qui a reçu votre lettre du 1ᵉʳ décembre, me charge de vous dire qu'il sera heureux de vous recevoir à l'Ambassade demain mardi à 11 heures du matin.

    Veuillez..

                      RUSPOLI.

L'ambassadeur, très vite convaincu de l'importance du concours que les Arabes pouvaient apporter à son pays, se montra très favorable à notre projet. Nous demandions la permission de transborder nos armes déposées en entrepôt à Port-Saïd. Nous en désirions également d'autres, et, si possible, une certaine somme d'argent.

Mais il ne faut pas oublier que le gouvernement italien se devait à ses alliés, l'Allemagne et l'Autriche, et qu'il lui fallait manœuvrer en conséquence. Déjà, la conquête de la Tripolitaine pouvait amener un froid entre eux, chose prévue par l'habile diplomate qui avait su provoquer cette expédition en faisant craindre l'occupation de cette terre par les Allemands. Non seulement les relations de la Triple Alliance s'en ressentiraient, mais aussi l'expédition longue et coûteuse empêcherait toute utilisation des forces italiennes — terrestres et navales — sur un autre champ d'action. La manœuvre fut superbement menée.

Quoi qu'il en soit, la Consulta était obligée à beaucoup de ménagements. Si on ajoute que l'Italie est le pays des *combinazione*, on ne sera pas étonné de la lenteur des négociations avec le Comité arabe.

Le 22 février 1912, nous recevions une nouvelle lettre de M. Tittoni.

Ra Ambasciata
   d'Italia

Parigi, 50, rue de Varenne
Ce 22 février 1912

Monsieur,

En réponse à votre lettre du 21 courant, je m'empresse de vous informer que j'ai encore télégraphié au sujet de l'affaire dont vous m'entretenez.

Veuillez agréer, etc...

L'Ambassadeur d'Italie,
Tittoni.

Le 18 février, au Caire, Négib Azoury se rendait chez le chargé d'affaires d'Italie, le comte Grimaldi et le mettait au courant des pourparlers entamés à Paris. Le ministre répondit qu'il n'avait encore rien reçu de Rome et qu'il allait écrire à son gouvernement.

Négib Azoury demandait 100.000 fusils avec 200 cartouches chaque et les moyens de les transporter, ces fusils seraient des Vetterli réformés.

Les réflexions de Négib Azoury sur l'action italienne sont à retenir, car c'est un point d'histoire (23 février 1912) :

« Les Italiens pensent que la Turquie n'est vulnérable qu'en deux endroits, Constantinople et Salonique. Cela est vrai ; mais ces deux points sont inaccessibles par suite de l'attitude timorée de l'Europe. Le troisième point est la Syrie. Là encore l'Europe méfiante ne permettra rien aux Italiens, mais par nous elle peut frapper efficacement à cet endroit, et cela à peu de frais.

« La guerre traînera en longueur, tant que les officiers turcs pourront, par différents moyens, traverser l'Egypte ou la Tunisie et rejoindre les résistants en Tripolitaine.
.. ..

« 28 février. — Vous avez appris par les dépêches le bombardement du port de Beyrouth par les Italiens qui voulaient couler deux garde-côtes turcs. Le résultat de cette maladresse, volontaire, dans le tir, est que l'Italie va s'aliéner tout le monde, Arabes, Chrétiens, Européens, dont elle a troublé la tranquillité et détruit les biens. Ne vaut-il pas mieux pour eux agir par nous ? C'est le moment le plus propice pour notre entrée en actions. Faites-le comprendre à M. Tittoni... »

« 10 Mars 1912. — Avant-hier vendredi 8 courant le drogman de l'Agence d'Italie m'envoya chercher par son cawas, disant qu'il tenait à me voir entre 6 h. 30 et 7 h. du soir et que le comte Grimaldi serait présent.

« Je me suis rendu à l'Agence à l'heure indiquée. Le drogman me demanda mes dernières propositions, disant que j'avais trop demandé la première fois. Je répondis que les chiffres donnés à la première entrevue impliquaient une continuité de longue haleine en présumant que la guerre serait longue, mais que les Italiens pouvaient commencer par nous envoyer 2.000 fusils.

« Le comte Grimaldi, qu'on avait envoyé chercher, arriva, et me dit qu'il avait télégraphié ma première proposition et que la réponse n'avait pas été favorable. Je répondis en lui disant ce qui avait été fait de Paris. Après quelques minutes d'entretien, il partit, en recommandant au drogman de noter mes paroles, pour les télégraphier le soir même à Rome.

« Seulement, je compris, par sa conversation et ses questions, que l'Italie et la Triplice redoutaient que notre action ne donnât lieu à une intervention anglaise ou française, ou franco-anglaise en Syrie.

« Je fis comprendre que, moi, je me chargerai de réduire les Turcs aux abois, mais que l'intervention de la France et de l'Angleterre était au-delà de mes moyens et de mes calculs, mais qu'après tout, la Turquie la redoutait également, et que l'Italie pourrait tirer profit indirectement de notre mouvement suivant les circonstances. »

« 17 Mars 1912. — Lundi dernier, au reçu de votre lettre, je suis allé à l'Agence d'Italie où l'on m'a dit qu'on attendait ma visite.

« Le drogman m'a demandé comment il fallait me faire parvenir les deux mille fusils demandés pour commencer l'action. J'ai proposé deux combinaisons...

« On a télégraphié probablement mardi soir ou mercredi. Depuis je n'ai plus de réponse.

« Mon avis est que l'Italie ne marchera avec nous qu'à la suite de l'échec des démarches des Puissances en faveur de la paix. »

Le 20 avril 1912, nous recevions la missive suivante :

Ambassade d'Italie.
Paris, le 20 avril 1912,

Monsieur.

En réponse à votre lettre du 18 courant, je m'empresse de vous informer que j'ai transmis tout le dossier relatif à l'affaire qui vous intéresse au Ministère des Affaires Étrangères à Rome. Le Ministre m'ayant fait savoir qu'il chargerait de traiter cette question notre Agence diplomatique au Caire, je ne suis en mesure de vous donner d'autre réponse.

Agréez...

L'Ambassadeur d'Italie,
TITTONI.

L'échec de la démarche des Puissances en faveur de la paix, et la non réussite de la flotte italienne devant les Dardanelles, ne purent faire sortir la Consulta de ses hésitations. La dépense et la crainte de la France et de l'Angleterre la paralysaient.

En fin de compte, Rome se décida à donner directement quelques subsides et des armes au Seïd Ydriss dans l'Assyr. Cette intervention permit à ce dernier de devenir par la suite indépendant, mais elle n'eut aucun effet réel dans la guerre italo-turque, l'Assyr étant trop éloignée.

Sur ces entrefaites, Négib Azoury prit au Caire la direction du journal *L'Egypte* et nous fûmes ici son correspondant. Désormais, nous avions un organe quotidien, une tribune puissante placée au nœud de la politique étrangère orientale.

Notre premier soin fut de prendre contact à Paris avec le Président du Conseil, qui nous reçut le 29 mai et le 14 juin 1914; nous devons ajouter que, jusqu'à son départ, nous pûmes voir à toute heure le directeur de son cabinet.

— Que devons-nous faire pour ne pas gêner la France, mais pour, en même temps, aider les Arabes ? avons-nous demandé à cette date.

— Patientez, ne faites pas d'éclat, telle fut la réponse que nous reçumes.

Et la guerre italo-turque continuait toujours.

Nous écrivions à ce sujet, dans *L'Egypte*, le 21 juin 1912 :

« Le résultat le plus clair de cette lutte est que décidément l'Entente Cordiale se manifeste en faveur de la Turquie. Si celle-ci avait l'heureuse idée de chasser son gouvernement sectaire, ou si ce gouvernement sectaire avait l'heureuse idée de chasser ses idées sectaires et d'accorder aux nationalités qui composent l'empire ottoman la sécurité et l'autonomie nécessaires, nul doute que ce rapprochement aurait une influence décisive sur les événements présents et futurs. Si, au contraire, mal inspiré, le Grand Comité (Union et Progrès) persistait dans son erreur et si un incident quelconque amenait des révoltes intérieures, ce serait, malgré la Triple Entente, le signal du démembrement de l'empire ottoman. Chacune des puissances prendrait alors la position qui lui est imposée par ses intérêts politiques et économiques séculaires. Ce serait aussi la grande guerre. »

IV

D'Octobre 1912 à Juin 1913

La guerre des Balkans. — Au lieu de la guerre mondiale, ce fut la guerre des Balkans (octobre 1912), à peine terminé le conflit entre l'Italie et la Turquie.

D'accord avec Le Caire, nous remîmes au gouvernement une note (10 octobre) qui fut accueillie un peu ironiquement. On ne croyait pas, dans les milieux diplomatiques, au succès des Balkaniques.

« Le 13 août de l'année dernière, dans un article intitulé *Le Prochain Conflit*, nous examinions la question des Balkans et exprimions l'espoir de voir la Triple Entente reprendre l'idée d'une Confédération Balkanique, afin d'arrêter la marche de 'Autriche sur Salonique et de liquider, pour le mieux des intérêts des trois alliés, l'empire ottoman.

« Certaines imprudences du cabinet de Vienne, une politique plus active de la Russie, de la France et même à ce moment de l'Angleterre ont permis à la Bulgarie, à la Serbie, au Monténégro et à la Grèce d'envisager une solution définitive grâce aux appuis moraux dont ces Etats s'étaient assurés. Divers encouragements de l'Italie n'ont également pas été étrangers à la formation de cette coalition. Enfin, la politique intérieure de la Turquie, le mépris de la légalité et des nationalités de la part des Turcs, ont augmenté l'agitation. La proposition du comte Berchtold (septembre 1912), laissant entendre aux gens avertis que l'Autriche, inquiète, voulait reprendre son influence sur les Etats Balkaniques, fut réellement la déterminante de l'ultimatum des Coalisés et de la guerre actuelle.

« De toutes façons, que les Etats Balkaniques soient vainqueurs ou que les Turcs aient la victoire, il y aura soit l'intervention de l'Autriche pour occuper la route de Salonique, soit l'entrée en scène de la Russie pour soutenir les Etats slaves et orthodoxes contre la Turquie ou contre l'Autriche : n'oublions pas, en effet, qu'il s'agit en l'espèce d'une guerre de races et de religion et que, malgré son désir de paix, le tzar de toutes les Russies sera entraîné par son peuple. Son trône, s'il voulait résister, serait balayé comme un fétu de paille.

« L'Autriche et la Russie face à face, c'est le jeu des alliances européennes fonctionnant sans délai ; c'est la guerre générale.

« L'empire turc ne peut sortir de la guerre que définitivement disloqué. Expulsé d'Europe, il lui restera l'Asie, dira-t-on. Sera-t-il sage de la lui laisser organisée comme aujourd'hui, avec des peuples qui réclament leur liberté, c'est-à-dire les Arméniens, les Kurdes, les Arabes de Syrie, de Palestine et de Mésopotamie ? Ne vaut-il pas mieux régler d'un seul coup toutes les questions, afin d'empêcher de nouveaux conflits du même genre que ceux présents, reléguer les Turcs dans leur pays d'origine, l'Anatolie, et constituer soit des principautés, soit des gouvernements autonomes sous le contrôle de la France, de l'Angleterre et de la Russie directement intéressées ?

« Il est même infiniment probable qu'au cours de la lutte entre les Etats Balkaniques et la Turquie, des indices sérieux seront donnés par ces peuples opprimés (Arabes et Arméniens), montrant leur intention d'en finir une fois pour toutes avec leurs oppresseurs. Il n'est pas douteux qu'avec le sens déplorable de leur devoir qui semble être le caractéristique des grandes puissances, celles-ci ne cherchent à arrêter ce mouvement. En ce faisant, elles commettraient une grave erreur.

« Il y a en ce moment, dans l'Orient, un réveil complet des nationalités, une volonté des peuples d'être eux-mêmes, et aucune argutie diplomatique ne peut prévaloir contre ces sentiments et ces idées. On le voit bien avec les Etats Confédérés des Balkans.

« La diplomatie, d'ailleurs, est en complète faillite ; toutes les idées d'intervention, de conférences sont emportées comme des fétus de paille par la tempête orientale. Ce qu'il faut donc, c'est envisager froidement la situation, ne se faire aucune illusion sur la gravité du moment, savoir prendre une décision nette, en assumer la direction et l'exécution, faire enfin une politique allante, remplie d'initiative qui assure à la Triple Entente la tranquillité définitive en Europe et en Asie.

« L'Angleterre paraît se réserver et observe une attitude prudente et étrange. Elle est puissance musulmane. Quel contre-coup ne subira-t-elle pas par suite du soulèvement de l'Islam ? Mais la France et la Russie ne sont-elles pas dans le même cas ? Et ne conviendrait-il pas de prendre une résolution immédiate qui serait le vrai palliatif du danger ? *Nous voulons parler de la question du Khalifat.*

« Les Arabes d'Asie haïssent les Turcs qui ont usurpé la puissance spirituelle sans aucun droit ; ils sont donc tout disposés à reconnaître un autre khalife, résidant à La Mecque et ayant le Hedjaz comme pouvoir temporel. Avec leur concours l'opération peut se faire sans presque tarder. Et quelle simplification dans la question turque ! Les Mahométans des autres pays, sauf les Turcs naturellement se soucient peu que leur chef spirituel soit turc ou arabe, pourvu qu'ils en aient un respecté et puissant, Koreïchite et descendant du prophète.

L'Italie, dans la guerre récente, a bien essayé de « taquiner » la Turquie en s'alliant avec Seïd Ydriss dans l'Assyr ; mais elle n'a jamais cherché à pousser à fond ses tentatives de ce côté, comme ailleurs du reste. Elle commettait ainsi une faute, car elle prenait parti entre Mahmoud Yahia et Seïd Ydriss, ce qui permit au premier de reconquérir définitivement son autonomie.

Entre ces deux compétiteurs la Triple Entente doit choisir un troisième candidat, avec l'approbation des deux premiers, et en réservant à chacun de ceux-ci un véritable royaume.

Les trois puissances alliées, tranquillisées dans leurs possessions musulmanes, protectrices de l'Islam, acquerront par cela même une force considérable. Elles pourront aussi — et nous en disions deux mots dans les dernières lignes de notre article d'août 1911 — compter sur les forces arabes, *appoint militaire peut-être nécessaire dans peu de mois*, lors du règlement définitif de la question d'Orient entre tous les États Européens.

Nous nous permettrons donc de répéter que le devoir des trois gouvernements alliés est de prendre les mesures nécessaires pour, dès maintenant et sans plus tarder, régler la question du khalifat, assurer en tout état de cause l'autonomie de la Syrie, de la Palestine, de la Mésopotamie et de l'Arménie,

et de barrer ainsi la route aux entreprises teutones.
Tergiverser serait fatal.

Le 20 octobre, nous précisions encore :

Nous avons vu déjà en 1910-1911 les tribus arabes
de la Transjordanie arrêter les Turcs Anatoliens, au
nombre de 30.000 et leur infliger de graves pertes.
Cependant, ces Arabes étaient mal ou pas armés.
Qu'arrivera-t-il s'ils sont en état d'attaquer ? Si,
pour une raison quelconque, ils font une action pa-
rallèle à celle des États Balkaniques, ne sera-t-il pas
trop tard pour nous ?
Si, au contraire, *sans paraître*, nous favorisons ce
mouvement en faisant distribuer 50.000 armes et quelque argent, nous serons les maîtres de la situation.

Quelques jours après, l'Allemagne essaya de
prendre les devants, sous prétexte de garantir le
chemin de fer de Bagdad. Elle avait une flotte
de croiseurs à Pola, dans l'Adriatique. Elle donna
l'ordre à l'amiral de se diriger vers le golfe
d'Alexandrette et d'opérer un débarquement.
Que serait-il arrivé aussitôt après ?
Prévenu par un de nos agents secrets de Beyrouth, nous nous rendîmes le 3 novembre 1912
à la Présidence du Conseil.
Aussitôt, le *Henri-IV*, qui se trouvait dans le
Levant, reçut la mission de se rendre à toute vapeur dans le golfe d'Alexandrette. Lorsque la
flotte allemande arriva, elle aperçut au loin notre
pavillon et fit demi-tour.
Vingt jours après seulement les renseignements
officiels venaient corroborer les nôtres. Le 3 décembre, le journal la *Patrie* publiait une dépêche
de Berlin citant un article du *Courrier de la
Bourse* :

Les intérêts économiques allemands dans le bassin oriental de la Méditerranée sont si importants
qu'il est facile de concevoir l'avantage que nous aurions de maintenir dans la Méditerranée, après la

conclusion de la paix, l'escadre que nous venons d'y envoyer. Au cas où, lors du règlement de cette nouvelle paix, les grandes puissances ne pratiqueraient pas toutes la théorie de l'abstention, l'Allemagne devra préciser le point où elle désire obtenir une base d'opérations navales. Ce pourrait être, par exemple, le port d'Alexandrette, terminus d'un des embranchements de la ligne de Bagdad.

On voit que l'Allemagne, ayant échoué dans une attaque brusquée, attendait une nouvelle occasion et proférait des menaces. Elle voulait à toutes forces se réserver, pour elle seule, ce merveilleux champ d'action qu'était l'Asie-Mineure, où elle était la véritable maîtresse, grâce aux Jeunes-Turcs. C'était pour elle une colonie sans le nom. Suprême habileté, vis-à-vis des populations ottomanes, elle semblait se différencier des autres puissances — ces mangeurs insatiables d'après elle — qui avaient peu à peu dépecé l'empire ottoman ; elle, au contraire, était la gardienne vigilante et fidèle de son intégrité. Elle se contentait de le ronger en dedans.

Quant à l'Angleterre, elle jouait son propre jeu. Le 23 novembre, nous transmettions au Président du Conseil la lettre ci-contre de Négib Azoury (17 novembre 1912) :

Vous avez tout prévu dans vos articles, mais je ne les ai pas publiés parce que vous êtes trop précis. Nous sommes obligés de ménager les musulmans d'Egypte qui sont tous, *qui étaient tous*, pour la Turquie. Je me serais attiré des observations en publiant ces articles que j'approuve sans réserves.

Maintenant que la débâcle est connue, les plus fanatiques pour les Turcs commencent à fléchir et bientôt ce ne sera qu'un concert de malédictions contre eux.

En Syrie ce n'est pas comme en Egypte. Malgré les mensonges des dépêches officielles le peuple a vite deviné la situation désastreuse de l'armée turque, et il a commencé à tourner ses regards vers l'avenir. On songe déjà à recourir à l'Europe pour obtenir du prochain Congrès la consécration d'une autonomie à la veille d'être conquise.

Au point de vue français la situation est très grave. Le prestige séculaire de la France est en jeu, ses intérêts aussi, bien entendu. Beaucoup de sympathies vont à l'Angleterre.

Les consuls de cette puissance travaillent activement à préparer les esprits à la réalisation d'un plan facile à deviner. Le gouvernement égytien les seconde naturellement et d'une façon très efficace, comme vous pouvez le supposer.

Nous, nous serons toujours fidèles à la France et ce ne sera pas de notre faute si nous ne réussissons pas. Il faut qu'on nous aide et qu'on nous dise ce qu'on veut que nous fassions. Alors nous exécuterons ce que l'on attendra de nous. Mais si on continue à écouter les palabres des consuls et des diplomates qui ne voient les choses qu'à travers leurs employés et à la clarté des banquets et des fêtes, on sera surpris par les événements et, comme en 1882, on regrettera de n'avoir pas pris une part, même minime, à la direction du mouvement.

Du reste, nous ne demandons pas un secours extraordinaire ni un appui compromettant. Six cent mille francs bien répartis nous suffiront pour calmer les impatients, gagner les mécontents de la France et compléter l'organisation de l'action de manière à en demeurer les maîtres jusqu'à la fin.

Si vous pouviez faire adopter ce point de vue par votre gouvernement, vous rendriez un grand service à votre pays dont nous défendons sans cesse les intérêts.

Nous ajoutions :

Il ressort de ce j'apprends que l'Egypte, séparée de la Turquie, adjoindra à la couronne khédivale la Syrie et la Palestine, sous le contrôle de l'Angleterre. Celle-ci, afin de limiter les armements allemands, abandonnera à l'Allemagne la Cilicie et la Palmyrène jusqu'à Diarbékir. La politique anglaise est, vous le savez, une politique personnelle, et, s'il est utile de prôner l'Entente Cordiale, je ne crois pas qu'au Quai d'Orsay on soit si assuré du concours constant de notre aimable voisine. Elle se sert de notre accord pour ses besoins et voilà tout.

Je sais cependant que si vous me laissez faire, en m'aidant en sous-main, l'Angleterre aura la bonne grâce de se ranger avec nous ; elle marche seule aujourd'hui parce que nous n'osons rien faire.

M. Négib Azoury bey demande 600.000 francs ; vous pouvez les avoir par un capitaliste ami. J'ajoute 4.000 carabines Gras, 2 millions de cartouches...

Personne ici ne saura que le Gouvernement est derrière moi et votre responsabilité sera absolument couverte.

Quelques jours après (28 novembre), nous annoncions au gouvernement qu'un riche banquier mettrait à notre disposition tout l'argent nécessaire si le Président du Conseil voulait bien lui affirmer *verbalement* qu'il pouvait s'engager avec nous. C'était la résultante de pourparlers intéressants entre les Israélites et le Comité arabe. Ce dernier aurait accordé de sérieux avantages à ceux qui l'auraient aidé ; mais le banquier, méfiant, voulait simplement savoir s'il avait devant lui des gens sérieux ou... des escrocs.

Le 25 novembre, M. de Mun jetait dans l'*Echo de Paris* le cri d'alarme :

L'HEURE DECISIVE

Les journaux ont annoncé, il y a deux jours, que « en raison des informations relatives à des massacres possibles sur différents points de l'empire ottoman, M. Poincaré avait rappelé à Rifaat pacha et chargé M. Bompard de rappeler à Kiamil pacha que la France, *agissant en qualité de protectrice des chrétiens d'Orient*, serait obligée de rendre le gouvernement ottoman responsable de toute violence exercée contre eux... »

Il faut très hautement féliciter M. le Président du Conseil de cette ferme attitude. Elle répond aux préoccupations que j'exprimais dans mon dernier article, au sujet du contre-coup inévitable de la guerre balkanique en Asie-Mineure. A ces félicitations très sincères je dois cependant ajouter un regret et un vœu.

En même temps que la nouvelle communiquée par M. Poincaré, le *Temps* publiait une lettre de son correspondant particulier, à Beyrouth, datée du 11 novembre, qui révèle une situation déplorable. J'ai, de mon côté, reçu des lettres qui la confirment en termes émouvants, où éclate l'impérissable fidélité des chrétiens du Liban envers la France.

Cette situation, la voici, en deux mots. Inquiet de l'effervescence causée, dans le quartier musulman, par les défaites de l'armée turque, le consul de France avait, pour calmer la population chrétienne, annoncé l'arrivée d'une division navale dont il réclamait, depuis plusieurs jours, l'envoi rapide, et dont on signalait déjà la présence dans la mer Égée. Au lieu des navires français, ce fut le croiseur anglais *Prometheus* qui apparut : à l'heure où écrivait le correspondant du *Temps*, un second vaisseau, encore anglais, entrait dans le port. Le *Henri.IV* n'était pas signalé. Il est arrivé, maintenant, mais avec quel retard !

La France a, en Syrie, une position privilégiée. M. Poincaré vient de la définir d'un mot qui, à l'heure actuelle, a la très haute portée d'une solennelle revendication. Elle agit « en qualité de protectrice des chrétiens d'Orient ». Je puis assurer à M. le Président du Conseil que cette parole aura, dans « la France du Levant », suivant la belle et forte expression d'Etienne Lamy, un profond et salutaire retentissement.

Je ne veux pas dresser ici un acte d'accusation, malheureusement trop facile. C'est assez de dire que la rupture de la France avec le Saint-Siège fut pour elle, dans tout l'Orient, un véritable désastre. Sur la terre sacrée dont nous paraissions nous détourner, nos rivaux accoururent, empressés à effacer nos traces. Le fastueux voyage de Guillaume II à Jérusalem fut, dans cette ruée d'ambitions, un événement inoubliable.

L'histoire va s'écrire, non plus en Europe, mais en Asie, au confluent des trois parties du monde qui, longtemps, furent le monde tout entier, sur cette terre où l'homme cherche son berceau, et dont, en 1843, M. Guizot disait déjà qu' « il ne convient pas à la France d'en être absente, alors que déjà toutes les grandes nations y ont posé leur pied ».

Car je n'ai parlé que de la Syrie, et de cette montagne du Liban, qui est comme un morceau de notre patrie ; et, dans ma pensée, je ne m'en défends pas, au devoir traditionnel qui nous lie envers ce peuple, s'ajoutait le souvenir auguste des lieux où le

Christ mourut pour l'humanité. Nous ne pouvons pas nous détourner de la Palestine, plus que de la Syrie.

Mais il n'y a pas que les Lieux Saints, il n'y a pas que le Liban dans l'Asie Mineure. Voici dix-huit ans que les massacres d'Arménie épouvantaient l'Europe. La Chambre française entendit alors d'unanimes protestations. Je demandais, avec Denys Cochin, que la France remplît son devoir de protectrice des chrétiens, celui que M. Poincaré vient de rappeler, d'un mot décisif. Ce jour-là, M. Jaurès était avec nous, protestant, lui aussi, avec une indignation que n'adoucissait point la pitié pour les Turcs.

Demain, la question d'Arménie va se dresser, peut-être encore une fois dans un nuage de sang.

Elle se dressera devant la Russie, parce qu'elle a, dans sa main, sur son territoire, à Etchmiadin, le patriarche grégorien. Elle se dressera devant nous parce que les Arméniens catholiques demanderont notre protection. Ils la demandent déjà ; de là, comme du Liban, je reçois des lettres tous les jours. Elle se dressera devant l'Angleterre, parce que rien de ce qui trouble les pays voisins de la route des Indes ne peut lui être indifférent.

La route des Indes ! Est-ce que quelqu'un peut ignorer le drame qui se joue, pour elle, dans cette « Asie antérieure », comme on disait il y a deux cent cinquante ans, alors que, déjà, notre Colbert y cherchait la grande voie de la richesse commerciale, par cette route des « Portes ciliciennes », chemin historique de Xerxès et d'Alexandre, des Romains et des Croisés ?

Ah ! je sais bien. Parler de la Mésopotamie, du Tigre et de l'Euphrate, marchés du monde jusqu'au jour où le passage du Turc en fit un désert ; parler de Babylone et de Palmyre, voire de l'Eden, parler de Bagdad, la ville des califes, et de Koniah, la ville des derviches, à des hommes absorbés par le quotient, l'utilisation des restes et la délimitation de la majorité républicaine, cela peut paraître une assez vaine entreprise. Mais il ne sert à rien de s'enfermer dans les obscurités d'une politique sourde et aveugle. Le monde marche, et il a beau vieillir, ses artères ne changent pas. Aujourd'hui comme alors, la vallée de l'Euphrate et du Tigre demeure une des celles où son sang cherche à se précipiter. L'ouverture du canal de Suez, celle du canal de Panama, n'ont fait qu'en accroître l'importance et la désigner plus impérieusement aux rivalités des nations modernes, comme elle l'était aux convoitises des conquérants antiques.

Est-ce qu'il faut faire ici l'histoire du chemin de fer de Bagdad, et montrer l'Allemagne reprenant, à son profit, avec les moyens puissants de la civilisation moderne, le plan gigantesque de Colbert ? Qui peut s'en désintéresser ? Ce n'est assurément pas la France qui, de Beyrouth à Hamâ, à Homs, à Alep, tient une des extrémités de la grande artère.

Infailliblement, toutes ces questions vont se poser. Il faut y être prêts. M. Jean Herbette, dans un article du *Siècle*, d'une bienveillance pour moi dont je suis très reconnaissant, me reproche de les soulever. Ce n'est pas moi qui les soulève : ce sont les faits. Si on en doute, je prie qu'on lise le journal allemand qui écrivait hier : « La Syrie et la Mésopotamie doivent être considérées, le cas échéant, comme devant revenir à l'Allemagne. »

A DE MUN,
de l'Académie Française.

Au sujet de la guerre balkanique, la victoire de Lüle-Burgas avait ouvert aux coalisés la route de Tchataldja.

Le 2 décembre, l'*Éclair* confirmait nos communications relatives aux intrigues anglaises :

Je ne sais pas si nous arriverons jamais à dégager une direction d'ensemble, cordiale et loyale, des affaires d'Orient.

En attendant que l'Europe se prête à poursuivre ce but idéal, ne nous trompons pas sur les efforts individuels de chaque puissance, plus ou moins intéressée au partage de l'Empire Turc. Toutes veulent saisir des gages qui leur permettront de n'être point prises au dépourvu. Elles se servent elles-mêmes, pour être mieux servies. Quand on parle de *conférence*, sachons que le mot est lancé pour la galerie, pour l'apparence. *Le vrai travail est ailleurs.*

Notre éminent correspondant d'Angleterre, Waverley, signale aujourd'hui les progrès du grand plan dont nous avons souvent parlé et que Lord Kitchener ne porte pas seulement dans sa tête, mais s'applique à réaliser sans perdre de temps. Son activité, sa méthode patiente et pratique sont connues. Il joint à l'imagination sans laquelle il n'est

pas de haute politique, une expérience exceptionnelle, un flegme et une résolution rares. Il est au
Caire, sur son vieux terrain de prédilection, au centre
des mouvements qu'il dirige et qui doivent mettre
dans la main de l'Angleterre depuis Malte jusqu'au
Gange, tout le bassin oriental de la Méditerranée,
l'Arabie et le golfe Persique, sans parler de la Mésopotamie et de la Perse méridionale. Lord Curzon
doit être satisfait.

La nécessité de dominer la Syrie pour compléter le
mouvement s'imposait : aussi le *Foreign Office* ne
reculera devant rien pour y fortifier l'influence britannique, sans dissimulation ni scrupule. Déjà récemment nous signalions les premiers symtômes de
cette tentative, qui avance bon train. Une lettre édifiante, envoyée de Beyrouth au *Temps*, achève
d'éclairer l'opinion française :

« Depuis assez longtemps, il existe à Beyrouth et
à Damas deux Comités qui travaillent activement
*pour amener la population syrienne à réclamer
l'occupation anglaise.* Ces deux Comités se sont réunis dernièrement à Beyrouth et ont envoyé des délégués en Egypte, probablement pour prendre des
ordres.

La propagande anglaise se fait au grand jour.
Dimanche 10 novembre, le croiseur anglais *Barham*
a mouillé en rade de Tripoli-de-Syrie. Le commandant est allé voir le gouverneur, et lui a annoncé
que s'il était obligé d'intervenir pour rétablir l'ordre, ses hommes, une fois à terre, ne partiraient que
pour être remplacés par des troupes anglaises qui
viendraient pour ne plus s'en aller. *L'absence de
bâtiments français à Beyrouth à cette date a fortifié
dans les esprits cette idée d'occupation anglaise.*

« Les débuts de cette campagne ont commencé
chez les musulmans, avec la propagande faite parmi
les indigènes en Algérie, sous les auspices du Comité
Union et Progrès et qui a amené 10.000 Algériens à
Damas.

« J'apprends qu'il y a une dizaine de jours, *le
secrétaire de Lord Kitchener est venu ici.* Il est allé
à Damas, Jaffa et Caïffa. Il a été tenu des réunions
en sa présence, où les musulmans formaient la totalité de l'assistance.

« Partout le même but a été envisagé : *se soulever,
faire quelques massacres et réclamer l'intervention
anglaise.* Bien mieux : des délégations ont été trouver le consul général d'Angleterre à Beyrouth, pour

le supplier de s'occuper des musulmans de Syrie. Le consul général a répondu que *pour le moment il ne pouvait agir que par des paroles*, mais que si on lui remettait une pétition signée il la ferait parvenir à son gouvernement. La pétition a été remise. Il ne se passe pas de nuit à Beyrouth sans qu'il ne se tienne de conciliabules du même genre.

« La colonie française et nos protégés syriens sont fort émus de cette audacieuse propagande, à laquelle ils résistent énergiquement, *désirant que la France ne permette aucun changement au lien traditionnel.* »

Le lien traditionnel dont parlent nos protégés, avec une sympathie qui nous touche, représentait jadis une force qu'il nous a plu de négliger : si bien qu'elle est tombée dans un discrédit assez piteux. Avons-nous cru que personne n'oserait nous remplacer dans le cœur des Syriens ? Lord Kitchener prouve qu'il est toujours imprudent de négliger ses avantages. En l'absence des Français dont le gouvernement, si mal engagé dans l'anticléricalisme et l'oubli de nos intérêts extérieurs, ne sait plus que s'abstenir au pays même de notre protectorat séculaire, les Anglais s'installent. Quand les diplomates se réuniront pour liquider les questions balkaniques, le souvenir de Lord Beaconsfield, le conquérant de Chypre, en 1878, ne sera pas oublié par Sir Edward Grey. Il y a des précédents historiques qui auront bientôt de l'écho, dans des circonstances analogues, avec la même liberté dans les conceptions et le même sans gêne dans l'exécution.

Ernest JUDET.

Dans le même numéro, le correspondant londonien de l'*Eclair*, M. Waverley, annonçait des événements plus importants :

VERS L'ANNEXION DE L'EGYPTE

A l'introduction de ces éléments dans la vie politique où ils dominent, ainsi que le prouvent ces malpropres histoires, nous devons une politique vile et méprisable qui, malgré les grandes phrases, nous fait manquer à nos engagements, violer tous les traités, et nous conduire comme des pleutres. Il existait en Egypte un journal honnête et modéré, nationaliste il est vrai, mais enfin on ne peut pourtant pendre les gens parce qu'Egyptiens, ils vou-

draient être traités suivant les promesses solen-
nelles, formelles, tous les qualificatifs qu'il vous
plaira, qui leur ont été faites. Ce journal : *l'Alam*, le
plus lu des journaux égyptiens (sympathique à la
France, par parenthèse) vient d'être brutalement
supprimé, sans le moindre avis préalable, pour avoir
imprimé « le gouvernement actuel de la Turquie est
responsable des revers de la présente guerre ». Je ne
plaisante pas, c'est ainsi. Mr G.-H. Trevelyan a
écrit à ce sujet une excellente lettre dans la *West-
minster*, mais cela ne changera rien, c'est la méthode.

Tout cela va aboutir à l'annexion de l'Egypte,
tout bêtement. Elle sera un premier pas vers un
autre but dont j'ai bien souvent entendu parler, et
que la *Review of Reviews* présentait en fort bons
termes dans son dernier numéro : « Que la Grande-
Bretagne déclare que, en vertu de sa position comme
la plus grande puissance musulmane du monde, et
en raison des difficultés qui entourent maintenant
le Calife, elle entreprend la défense des cités saintes
musulmanes de la Mecque et de Médine, et les ga-
rantit contre tout venant. L'effet sur tout le monde
de l'Islam sera prodigieux. Les risques et la responsabilité pour l'Angleterre seraient nuls car personne ne désire prendre la Mecque et Médine, et
comme nous gardons l'Egypte et que nous tenons le
canal de Suez et Aden, nous gardons automatique-
ment la côte arabique de la mer Rouge ».

Je cite cet article parce qu'il ne représente pas,
tant s'en faut, une opinion isolée. Le jour, plus tard,
où ce but sera atteint, la « puissance musulmane »
de la France sera à la merci de l'Angleterre. Il ne
manquera plus que l'établissement du service obligatoire britannique renforcé d'une forte armée de mé-
tier, que de Dunkerque à Tarascon tous les cafés du
Commerce, serres chaudes de la diplomatie républicaine, réclament à cors et à cris, et le jour où
l'Entente cordiale cassera, et elle cassera parce que
ni les alliances ni les ententes ne sont éternelles, et
que depuis la conquête normande il y a eu, si mes
modestes connaissances ne m'abusent pas, plus d'une
demi-douzaine d'ententes anglo-françaises plus cordiales les unes que les autres, ce jour-là je regret-
terai beaucoup d'être mort parce que la tête des
« diplomates », déjà passablement cocasse, sera bien
plus drôle encore.

Des considérations d'un tout autre ordre primaient en haut lieu. On ne voulait donner prise à aucune critique si l'affaire arabe venait à être connue et on ne désirait voir survenir aucune complication qui aurait pu contrecarrer certains buts prochains. Aussi, nos propositions furent-elles rejetées.

Le 2 décembre 1912, nous écrivions au Président du Conseil :

C'est avec une profonde tristesse que j'ai reçu la communication de votre Chef de Cabinet m'annonçant votre refus pour tout. Ce que je demandais était peu, cependant.

Le jour, relativement proche, où nous aurons tout perdu là-bas, on n'apprendra pas sans stupeur que le Gouvernement de la France n'a pas osé encourager *sans se compromettre*, ce mouvement français. J'ai prévenu mes amis de ne plus compter sur la France, et ils en éprouveront eux aussi un profond chagrin. Pour échapper aux Turcs ils vont aller ailleurs et on ne peut les en blâmer.

Le 11 décembre, l'*Egypte* publiait un article fort documenté sur le Liban, ses besoins et ses aspirations (1).

Le 14 décembre, Négib Azoury nous envoyait des renseignements très graves qui furent remis au quai d'Orsay.

Presque tout le monde en Syrie, même les Maronites, sont aujourd'hui partisans de l'Angleterre. La France est reléguée au second plan et n'a plus pour elle que le clergé catholique oriental lequel n'a plus aucune influence dans le pays. Le succès de la Grande-Bretagne est dû à l'habileté de ses agents et aux services qu'ils rendent journellement aux plus grandes familles syriennes et aux personnalités marquantes du pays. L'hospitalité dont jouissent les Syriens en Egypte est pour beaucoup dans ce revirement.

Si donc l'Angleterre réalise le projet qu'on lui prête d'amener la Syrie à l'Egypte ou d'occuper la Syrie pour la proclamer indépendante, elle sera pro-

____

(1) Voir aux annexes — n° 2.

bablement acclamée par toute la population indistinctement.

Si la France veut avoir quelqu'influence là-bas, il faudra qu'elle se presse, autrement elle arrivera trop tard. C'est ce qu'il faut faire comprendre à vos amis.

En communiquant ces indications au Quai d'Orsay, nous les faisions suivre de ces mots :

Telle est la communication que je suis chargé de vous transmettre. La conversation qui a eu lieu entre Londres et Paris et dont il a été fait état au Sénat, a rassuré la France sur les suites de la campagne menée en pays arabe par l'Angleterre.

Celle-ci, officiellement, ne tentera rien pour le moment ; officieusement, il y a bien des moyens d'intervenir.

Ce qui inquiète là-bas, pour les intérêts français, c'est votre déclaration formelle au sujet de l'intégrité de l'empire ottoman en Asie-Mineure et l'absence absolue dans cet exposé du désir de faire doter les pays arabes d'une autonomie indipensable. Les quelques avantages relatifs récemment accordés au Liban font ressortir d'une façon plus frappante l'abandon du reste de la Syrie et de la Palestine...

Je crois, en tout cas, que des événements vont surgir qui démontreront l'erreur commise en affirmant si solennellement et sans restriction les droits peu historiques de la Turquie.

Le 22 décembre, dans notre correspondance à l'*Egypte*, nous faisions ressortir la faute commise par cette déclaration au Sénat (1).

...Le contentement du Président du Conseil, en ce qui concerne l'accord des six grandes puissances au sujet de l'alliance et du port de l'Adriatique me laisse rêveur. En réalité, la Triple Entente renouvelle la faute de 1908 ; elle cède devant la Triple Alliance qui, contente de son succès, va augmenter ses exigences. On oublie, cependant, dans cet aréopage, les Etats Balkaniques qui ont un peu voix au chapitre, On les dépouille en paroles... N'oublions pas que l'Autriche , et par conséquent l'Allemagne, n'a pas abandonné l'idée d'obtenir coûte que coûte la route

---

(1) Voir à l'appendice — n° 3.

du Vardar et Salonique, et que, ce but, ces deux nations le poursuivent avec entêtement. La Méditerranée orientale doit être teutone. Il ne peut, à leur sens, y avoir solution de continuité entre les Allemands d'Europe et les intérêts allemands d'Asie Mineure. Là gît tout le problème.

Le Comité arabe et nous luttions en désespérés afin d'arriver à une solution équitable pour les Arabes et utile au plus haut point pour la France. Chaque jour amenait des notes que nous croyons devoir reproduire ici, étant donnés les événements de 1914 :

10 janvier 1913. — Aujourd'hui les faits se précisent et le retrait de nos croiseurs, alors que les Allemands conservent les leurs plus près, provoque un grand malaise.

Il n'est pas jusqu'à l'extraordinaire proposition anglaise qui n'étonne. Demander l'internationalisation de Salonique, c'est faire le jeu de la Triple Alliance et bientôt nous verrons exiger par celle-ci le même privilège pour le chemin de fer du Vardar. Ce sera fait alors ; la Méditerranée orientale sera allemande.

Il est un fait d'ordre économique qu'il faut à un peuple les débouchés nécessaires. Les Allemands ont besoin de Salonique à cause de l'Asie-Mineure. Supprimez l'objet, vous supprimez le reste. Si la Syrie, la Palestine, etc., se déclarent indépendantes, les visées allemandes n'ont plus de raison.

Dans une nouvelle entrevue, le 21 janvier 1913, nous laissions, sur la demande qui nous en fut faite, cette nouvelle note :

Les groupes arabes d'Asie-Mineure éprouvent une amère déception de se voir en quelque sorte abandonnés par la France et l'Angleterre. Partagés entre leurs vives sympathies pour ces pays et leur légitime ambition d'avoir la liberté ou tout au moins l'autonomie, ils prêtent une oreille attentive aux propositions qui leur sont faites.

L'Allemagne a des intérêts considérables en Asie-Mineure et désire les augmenter, intérêts économiques et de plus en plus politiques. Elle a eu jusqu'à ce jour, pour masquer sa lente conquête, le talent de se faire considérer par la Turquie comme une alliée ; mais aujourd'hui la question d'Asie-Mineure lui paraît grosse de dangers.

Elle s'est donc demandé si son véritable intérêt n'était pas de supprimer cette cause de conflit en favorisant tout au moins l'autonomie de la Syrie et de la Palestine, et ensuite de la Mésopotamie, et en réservant pour ses nationaux la plupart des grands travaux à exécuter et des concessions de mines et de ports. C'est dans ce sens qu'elle a agi, sans aucunement se découvrir...

Le meilleur moyen de mettre un terme aux combinaisons de la Triple Alliance en Asie-Mineure serait celui-ci, à notre avis. La Bulgarie ou la Grèce, si l'armistice continuait, par exemple, pourrait faire remettre aux Chefs du parti de l'Indépendance arabe les armes, les munitions et un peu d'argent pour provoquer et déclarer l'autonomie ou l'indépendance sans qu'une quelconque de ces puissances alliées fasse mine d'intervenir directement. Leur intervention notoire provoquerait des suspicions et des interventions, ce qu'il convient d'éviter. Il faut que la partie ait l'air de se jouer d'elle-même, sans appui.

Mais, en même temps, les Comités Arabes laisseraient entendre à leurs affiliés que la France (et l'Angleterre si on veut) sont derrière ces obligeants amis. Il est utile de se hâter.

La Bulgarie est préférable à tous les points de vue et l'attaché militaire de ce pays ici estimait que cette diversion serait décisive.

Cette dernière proposition eut le sort des autres. L'élection présidentielle primait tout. M. Jonnart fut nommé ministre des Affaires étrangères. Le 5 février 1913, il nous écrivit que M. Aynard, son chef de cabinet, nous recevrait de 3 à 6 heures quand nous aurions à l'entretenir des questions d'Asie-Mineure.

Que pouvions-nous faire, si ce n'est rappeler les mêmes choses ? La situation politique était nette. La Triple Entente cédait sur tout. Le 28 février, l'*Egypte* publiait notre correspondance : *Les Commandements de la Triplice*, reproduite

à Paris, et donnait les raisons de cette attitude
(1). En voici un extrait :

Les Balkaniques ont la ferme intention de ne se
laisser imposer aucune volonté, d'agir à leur guise
et de garder leurs conquêtes.

Le danger est grand ; plus proche est la solution
de la guerre avec la Turquie et plus proche aussi
est la conflagration générale. On se le dit tout bas
dans les chancelleries ; mais à Londres comme à
Paris on veut croire qu'à force de concessions on
évitera la guerre — et c'est toujours l'intimidation
sur laquelle comptent les Tripliciens.

Au moins, ai-je avancé l'autre jour, pensez à ceux
qui souffrent en Asie-Mineure. Que ferez-vous pour
eux ? Assurez-leur une certaine autonomie, à ces
peuples qui ont eu jusqu'à ce jour une grande foi
en vous.

— Surtout, qu'ils ne bougent pas ! Qu'ils ne fassent rien ! me fut-il répondu.

...Qu'importe à ces messieurs la manœuvre audacieuse de l'Allemagne faisant de soi-disant concessions à l'Angleterre, offrant l'Arménie à la Russie,
pour isoler la France, battre celle-ci plus facilement
et se retourner ensuite contre ses deux autres ennemies !...

La guerre continuait, malgré tous. Salonique
était prise et les Balkaniques répondaient nettement aux grandes puissances en réfutant leurs
commandements (1).

De leur côté, les notables musulmans des principales villes syriennes s'agitaient. Négib Azoury
écrivait à leur sujet (note destinée au Quai d'Orsay), le 16 mars :

Un grand mouvement se produit dans l'opinion des
Arabes, mouvement de sympathie pour l'Angleterre.
Les notables musulmans des principales villes de
Syrie ont adressé à Lord Kitchener des requêtes le
priant d'annexer la Syrie à l'Egypte ou de lui faire
accorder un régime indépendant. L'Angleterre ac-
cueille avec encouragement ce mouvement, sans le

---

(1) Appendice — pièce n° 4.
(1) Appendice — pièce n° 5.

favoriser en apparence. Devant une attitude hésitante de l'Angleterre ce mouvement deviendra plus
intense :

L'Angleterre feint d'hésiter afin de ne pas froisser la France, vous savez pourquoi, mais, après, ce
sera fini ; elle pourra entrer en Syrie comme dans
du beurre.

C'est moi qui ai provoqué le mouvement de décentralisation arabe que vous avez lu dans les journaux de Paris, et qui ai poussé à la formation du
Comité du Caire (1), dans le but d'ouvrir les yeux
aux plus fanatiques.

C'est une tactique vis-à-vis des musulmans qui
croient que le séparatisme arabe serait nuisible à
l'Islam. Le mouvement décentralisateur, dont ils ne
voulaient pas il y a deux ans, leur apparaît aujour-
d'hui comme la seule planche de salut. En réalité,
il aboutira à un fiasco ; d'abord, parce que les Turcs
ne l'accorderont jamais, et alors il y aura conflit
séparatiste ; ensuite, parce que si les Turcs l'accordent, ils mettront fatalement de la mauvaise foi
dans l'exécution. Le résultat sera le même pour
nous ; le terrain sera mieux préparé.

...Après la guerre actuelle et l'imposition à la
Turquie du traité désastreux qui l'attend, il y aura
une grande division dans l'armée turque entre officiers turcs et arabes ; nous n'aurons qu'à marcher
pour qu'on nous suive.

Aurons-nous le nerf de la guerre ce jour-là ?

Voici les nouvelles dont parlait Négib Azoury
et qui avaient paru dans le *Daily Telegraph* et
dans l'*Echo de Paris* :

Constantinople, 23 février, 8 h. 15. — Une grosse
question commence à se poser : la question arabe.
Toutes les personnes en contact avec les milieux arabes la prévoyaient depuis longtemps. Dès le mois
de novembre dernier une personnalité syrienne et
musulmane qui exerce en Syrie une grande influence
et qui est remarquable par son intelligence et sa
connaissance des choses de l'Europe, me disait :

---

(1) Le Comité de décentralisation du Caire avait
10.000 adhérents dans les vilayets arabes de l'empire
ottoman. En 1914, il existait, rien qu'en Syrie et en
Palestine, 75 filiales de cette organisation politique.

Aucun sentiment séparatiste n'existe chez nous. Nous tenons au contraire essentiellement à faire partie de l'empire ottoman, afin qu'un bloc solide, capable de résister aux appétits possibles de l'Europe, soit constitué. Mais nous considérons comme une condition *sine qua non* de notre loyalisme, que le gouvernement ottoman nous accorde un régime administratif acceptable. . ».

Successivement les conseils des vilayets de Beyrouth, d'Alep, de Tripoli, de Syrie viennent de faire l'exposé de ce régime réclamé par les Arabes. Il s'agit d'une décentralisation poussée à l'extrême, confinant à l'autonomie. Les principaux points réclamés sont en effet :

1° La reconnaissance de la langue arabe comme langue officielle de la province dans tous les bureaux et tribunaux, la langue turque restant langue officielle pour la correspondance avec Stamboul.

Dans le projet rédigé par le conseil du Vilayet de Beyrouth, on demande même que l'usage de la langue arabe soit admis à la Chambre des députés et au Sénat.

2° Comme corollaire de ce chapitre, seront nommés en Syrie des fonctionnaires connaissant la langue arabe. Provisoirement, une exception pour les valis ; elle prendra fin au bout d'une période de six ans, à dater de la promulgation de la loi :

3° Les autorités locales seront consultées pour nommer les fonctionnaires civils et judiciaires, les officiers de la gendarmerie ;

4° Une Haute Cour sera instituée pour juger en cassation les jugements rendus dans les provinces de Jérusalem, Damas, Beyrouth et Alep, etc. Actuellement, toute cassation se fait à Constantinople.

5° En temps de paix, le service militaire sera régional ;

6° Les revenus provinciaux seront divisés en deux catégories :

a) Revenus des douanes, des postes et télégraphes et des impôts militaires, à la disposition du gouvernement central ;

b) Toutes autres recettes à la disposition du gouvernement local pour être appliquées aux besoins de la province.

7° Des conseils de vilayet seront créés ; ils auront des pouvoirs administratifs et dans une certaine mesure des pouvoirs législatifs étendus.

Toutes les questions autres que celles de politique

générale et de défense nationale abandonnées au gouvernement central, seront de leur compétence ;

8° Des conseillers étrangers seront nommés pour réorganiser la gendarmerie, la police, la justice, les finances. Il seront nommés pour quinze ans et choisis parmi les spécialistes européens connaissant les usages locaux, la langue arabe ou turque.

Certaines personnalités arabes m'ont déclaré dans leurs conversations qu'à titre de garantie elles désiraient quelque chose de plus encore : la présence d'un nombre minimum d'Arabes au conseil des ministres.

Ces mêmes personnalités, auxquelles j'ai demandé si elles ne croyaient pas que le gouvernement central trouverait ces demandes bien radicales, m'ont répondu : « Nous considérons ces demandes comme la simple application aux provinces arabes des concessions faites aux Malissores au printemps de 1911 et ensuite aux Albanais en général, durant l'été de 1912 ».

Le gouvernement de Ghazy Mouktar pacha a déclaré que ces réformes seraient étendues à toutes les populations de l'empire. Le présent gouvernement se prêtera-t-il à ces demandes ?

Actuellement, on ne peut encore rien dire.

Le ministre de l'Intérieur, Hadzi Hadil bey, consacre beaucoup d'attention à la réorganisation administrative de l'empire. La division de l'empire en cinq grandes zones d'inspection (Constantinople, Smyrne, Trébizonde, Beyrouth, Bagdad), que Mahmoud m'avait annoncée dès le lendemain de son accession au pouvoir, est aujourd'hui chose décidée. De même on annonce la promulgation de lois permettant le fonctionnement de Crédits fonciers.

Un spécialiste allemand a été engagé par le ministre de l'Agriculture. Ainsi l'on commence indéniablement à réaliser le programme de réformes que le grand-vizir s'est proposé dès son arrivée au pouvoir.

Mahmoud Chefket pacha a déjà eu l'occasion d'annoncer qu'il était partisan de la décentralisation administrative, mais il est douteux qu'il accepte la conception fédéraliste de l'État qui s'est fait jour dans les demandes des vilayets arabes.

C'est une toute autre question ; elle égale presque en importance la question de la guerre ou de la paix qui, peut-être, accapare trop exclusivement l'attention de l'Europe.

Notons en passant, à titre d'indication, que le

gouvernement, visiblement désireux d'éviter toute complication en Arabie, négocie avec l'agitateur de l'Assir, le fameux Seyd Idriss, une entente sur des bases similaires à celles de l'entente précédemment conclue pour le Yémen avec Iman Yahia .

La question préoccupait tout le monde, mais on se refusait à l'étudier dans son ensemble. Seule, la *Dépêche de Toulouse*, sous la signature de M. Charles Vellay, exposait des idées justes sur la piteuse attitude de la Triple-Entente vis-à-vis de l'Autriche, sur le fédéralisme ottoman (1). Comme nous l'écrivions à notre journal, Edouard VII manquait à l'Europe et nulle part ne se trouvait un homme, une volonté, une idée directrice.

Le 8 avril, de la part du Comité de réformes de Syrie et Palestine et du Comité national arabe, nous soumettions les considérations et les propositions suivantes au gouvernement français :

...Faisant montre d'un haut esprit pratique et d'une connaissance supérieure des contingences extérieures... ces Arabes demandent que la Turquie accorde à l'Arménie, à la Syrie, à la Mésopotamie, aux Arabes la plus complète autonomie administrative et législative. Ces nationalités autonomes donneront par contre à la Turquie la plus grande contribution financière possible et l'armée qui restera celle de l'empire ottoman. Ils reconnaîtront le Sultan comme chef politique et religieux et seront représentés au Parlement ottoman.

...Ils demandent que la Triple Entente fasse une démarche immédiate auprès de la Porte...

...Ils ajoutent que c'est une question d'une urgence absolue pour l'Islam et aussi pour la France et la Russie.

Ils ont également la conviction que la Turquie devrait signer de suite la paix, même en laissant Radosto à la Bulgarie, et aurait avantage à passer un traité d'alliance avec la Confédération Balkanique, constituant ainsi, sous l'égide de la France et

____

(1) Appendice — pièce n° 6.

de la Russie, une force énorme qui barrera désormais la route aux entreprises de la Triplice.

Français de cœur et d'éducation, ils estiment que c'est la seule manière de servir la France et de lui montrer leur affection... (1).

Au sujet de cette lettre une remarque est nécessaire. Ainsi que nous l'avions fait avec les deux précédents ministres des affaires étrangères, nous nous étions présentés au cabinet du ministre. Le chef de cabinet de M. Pichon nous déclara que ce dernier se refusait à recevoir toute communication, même confidentielle, et qu'il fallait s'adresser aux directeurs (d'Asie ou d'Afrique, ou, etc.). Devant notre étonnement, il nous fut répondu que M. Pichon, étant ambassadeur à Pékin, avait remarqué que, parfois, les bureaux ignoraient ce qui se passait au cabinet ou bien que le cabinet prenait des décisions contraires aux précédentes.

— Mais, objectâmes-nous, il y a des cas où les bureaux n'ont à connaître certaines choses qu'après le ministre. Une affaire de gouvernement ne les regarde pas. Il peut, en outre, être question de certaines personnes, et le secret ne peut être confié à des directeurs ; enfin ceux-ci peuvent avoir des idées personnelles et ne pas faire part des communications à leur chef.

Cette méthode s'est continuée depuis et a donné des résultats déplorables, ainsi qu'on le verra par la suite.

Nos remarques n'ayant eu aucun succès, nous adressâmes notre lettre à chacun des membres du gouvernement ; nous ne reçûmes aucune convocation ni aucune réponse.

Au même moment, conjointement au Comité du Caire, celui de l'Irak, le Comité Assibat ul

____

(1) Appendice — pièce n° 7.

Hamra obtenait un commencement de satisfaction. Le gouverneur de Bagdad recevait tous pouvoirs pour traiter avec les éléments anti-turcs et promettre une complète décentralisation financière et administrative. D'autre part, les membres du Comité de réformes à Beyrouth, emprisonnés, étaient relâchés. (Dépêche du correspondant du *NewYork Herald*, à Constantinople.)

Pour bien comprendre la manière d'agir de notre gouvernement, il convient de citer l'article intitulé : *Le Secret postal en Syrie* (1) du 22 mai 1913, de l'*Egypte*, et celui du journal *Ahram*, du Caire. Le vali de Beyrouth ayant prié le consul général de France de ne plus laisser distribuer certains journaux et des correspondances adressées à des *personæ ingratæ* par la poste française, a été obéi de point en point. Un Syrien ami de la France, qui avait envoyé ces détails, s'étonnait que la politique française en Orient fût descendue à un tel degré.

----

(1) Appendice — pièce n° 8.

V

De Juin 1913 à la Guerre de 1914

Le Congrès arabe-syrien. — Le 18 juin 1913 s'ouvrit à Paris le premier Congrès arabe-syrien. Son programme était d'étudier les points suivants : les droits des Arabes dans l'empire ottoman ;

Nécessité de sauvegarder la vie nationale des pays arabes ottomans ;

Les aspirations des colonies arabes ottomanes établies à l'étranger ;

L'émigration et l'immigration en Syrie ;

Nécessité des réformes dans les pays arabes ottomans sur la base de la décentralisation.

A la date du 1er juin, Négib Azoury nous donnait des instructions pour faire reculer la date du Congrès et pour nous renseigner au sujet des organisateurs.

Les véritables organisateurs de ce Congrès sont Chekri Ganem et les frères Moutran. Les autres sont des moutons de Panurge.

Chekri Ganem n'a jamais été partisan de mes idées, bien que mon ami. Sous Abdul Hamid, il gravitait derrière Ahmed Riza pour obtenir un poste important. Après la Constitution (1908), il s'aplatit devant Ahmed Riza et lui offrit même un grand banquet où il porta aux nues le Comité Union et Progrès. Il briguait le poste de Conseiller d'Ambassade à Paris ou celui de sous-secrétaire d'Etat aux Affaires Etrangères. Les Jeunes Turcs lui offrirent un poste à 400 francs par mois.

N'osant casser les vitres avec les Jeunes Turcs et se jeter hardiment dans le mouvement arabe, il se lia avec les réfugiés turcs du groupe Sabaheddine qui parlèrent de décentralisation ; mais dans ce groupe il n'était que la soixantième roue.

Il imagina de créer un groupe syrien de décentralisation où il serait quelque chose. Quelques personne du Caire, absolument dans les mêmes conditions, se joignirent à lui. Le député Abdel Hamid Zahraoui est absolument dans le même cas.

Au fond, tous ces gens-là veulent l'indépendance des Arabes ; mais sachant que c'est là une œuvre plus difficile pour laquelle il faudra des sacrifices et de l'activité et où il leur sera impossible d'entrer en composition avec les Turcs, c'est-à-dire une entreprise où les profits directs se feront attendre et leur semblent aléatoires, ils préfèrent faire chanter les Turcs. Voilà toute la question.

Pour mon compte, je soutiens ces gens-là, tout en leur déclarant qu'ils font fausse route, que les Turcs ne les écouteront pas et qu'ils n'en obtiendront rien.

Le Congrès de Paris se composera d'une cinquantaine de personnes, dont cinq ou six comprennent réellement ce qu'est la décentralisation.

Je suis content de ce Congrès, car il fera sentir à tous ces gens-là et à tout le monde arabe l'inanité de toute tentative d'entente ou de collaboration avec les Turcs. Alors, ils viendront tous à nous.

Tâchez de savoir de Chekri Ganem (et vous pourrez aller le voir de ma part) la date exacte de ce Congrès. Tâchez de le convaincre aussi de reculer cette date jusqu'à la fin de juillet ou au commencement de septembre, en lui disant qu'il aurait plus de chance d'avoir du monde. Les Égyptiens et les Syriens seront plus nombreux à cette époque à Paris qu'à n'importe quel autre moment de l'année.

Je voudrais pouvoir y assister moi-même pour leur dire des vérités, car j'ai l'intention d'aller vous voir vers le milieu de juillet.

Il nous fut impossible de joindre M. Chekri Ghanem, qui avait ses raisons pour hâter la réunion du congrès et pour n'être pas gêné par la présence de compétences.

La date du Congrès nous fut annoncée peu de jours avant son ouverture. Il y eut exactement douze membres de son comité et 48 spectateurs, parmi lesquels de nombreux jeunes étudiants, une petite fille et deux missionnaires français. La majorité était composée de Syriens de Beyrouth, les autres du Liban. Aucun représentant des Arabes des autres parties de la Syrie, de la Mésopotamie, de la Palestine, ne se trouvait là ; aucune discussion contradictoire ne pouvait avoir lieu ; aucune manifestation grandiose et de haute portée politique n'était possible.

En trois jours, tout fût bâclé et voté. Quelques jours après, on pouvait lire dans les journaux de Constantinople :

La délégation arabe de Paris composée de Ahmed Moukhtar bey, Beyhoum-Sélim bey, Sélami Ahmed bey Tobhara et Abdul Kérim bey El-Halil, président du Comité arabe, a été reçue en audience par S. A. le Prince Héritier. La délégation a été introduite par S. E. Suléiman effendi El Bustani après de S. A. qui a réservé aux délégués un accueil bienveillant.

Des allocutions ont été prononcées par Abdul Kérim Sélami et Ahmed Tobhara beys qui ont assuré Son Altesse de la fidélité et de l'attachement de la nation arabe au pays et à la dynastie d'Osman. Le Prince Héritier, de son côté, a exprimé en termes chaleureux ses sympathies pour la nation et la langue arabes, et il a promis à la délégation de visiter prochainement la Syrie.

Puis :

On télégraphie de Constantinople :

Le Comité arabe, dont une section organisa récemment un Congrès à Paris, a envoyé aujourd'hui une délégation au grand-vizir pour remercier le gouvernement d'avoir accordé les réformes et les concessions politiques demandées. Il a offert ce soir à tous les membres du Comité central Union et Progrès un grand banquet sous la présidence de Talaat bey, ministre de l'Intérieur.

Au cours de ce banquet, plusieurs orateurs ont parlé de la nécessité des réformes et de leur application rigoureuse.

Ils ont célébré la fraternisation des Arabes et des Turcs, qui fera revivre l'ancienne gloire des deux peuples.

Les orateurs ont exprimé trois vœux principaux :

1° Que l'état de siège soit levé à Beyrouth ;

2° Que la publication des journaux suspendus soit à nouveau autorisée ;

3° Que les propriétés appartenant à la liste civile ne soient jamais vendues à des étrangers.

Talaat bey a répondu qu'il avait toujours été partisan de l'entente complète entre Turcs et Arabes.

Il a remercié, au nom du parti Union et Progrès, des sentiments exprimés par les orateurs.

Fethi bey, secrétaire général du Comité central Union et Progrès, a parlé de l'union et de la concorde qui doivent exister entre les divers éléments de l'empire ottoman et qui peuvent seules le sauver et assurer son indépendance.

Suleyman Bistani effendi, ministre du Commerce et de l'Agriculture, parlant au nom du gouvernement, a exprimé sa satisfaction de manifestations appelées à consolider l'empire par l'union des Arabes et des Turcs.

« Le gouvernement, a-t-il ajouté, prend l'engagement d'appliquer les réformes dans l'esprit le plus large et avec le ferme appui du sultan et du prince héritier. »

Les malheureux membres de ce Congrès qui acceptèrent des postes officiels en 1913, furent les premiers pendus lors de la déclaration de guerre en 1914.

Malgré toutes ces fallacieuses promesses, les Arabes souffraient de plus en plus du régime imposé par les Jeunes-Turcs. Musulmans et catholiques, unis désormais, multipliaient leurs réunions. En août, ils adressaient aux puissances le mémorandum dont nous donnons ci-après la teneur, cri d'un peuple en détresse, appel suprême qui ne fut pas écouté.

Memorandum envoyé aux grandes puissances au nom du Comité central de réforme et de défense des intérêts syriens (1).

Excellence,

Vous n'ignorez pas la grave situation dans laquelle se trouve la Syrie, ni la tyrannie endurée par nos compatriotes depuis plus d'un demi siècle. Après

---

(1) Reproduit par *L'Echo de Paris* du 26 août 1913.

les événements de 1860, organisés et attisés par le
gouvernement de l'époque afin de jeter le désarroi
entre les différents éléments et les porter à s'entre-
tuer, eut lieu la guerre de 1876. Le sort de ces infor-
tunés que cette guerre, par suite du traité de Berlin,
devait adoucir, n'a fait qu'empirer, car les diplomates de l'époque n'ont pas pensé au sort des malheureux chrétiens peuplant la Syrie, ni à celui de
leurs compatriotes arabes, tyrannisés, eux aussi, à
un degré inimaginable.

On avait conçu beaucoup de réformes qui sont
restées toujours lettre morte et qui, par dessus le
marché, en vertu de leur non application, ont amené
des catastrophes à la Turquie en forçant les populations à la révolte — telles que la Roumélie orientale, la Thessalie, la Crète, la Macédoine, le Yemen,
Hauran, Kerek et le Assyr ; et ce ne fut qu'après
un quart de siècle de lutte et autant d'années de
délibérations dans nos ministères, que certains de ces
peuples ont pu obtenir leur affranchissement.

Seule la Syrie, tout en étant la province la plus
civilisée de l'Empire, n'a pu se mouvoir à cause du
manque d'appui et de protection dont elle avait tellement besoin. Et la population était même opprimée
à un tel point qu'il lui était presque impossible d'éle-
ver la voix sans attirer sur elle-même des redou-
blements de tyrannie et parfois des assassinats ou
même des massacres.

Au moment de la proclamation de la Constitution,
au mois de juillet 1908, la population syrienne se
réjouit, croyant, sinon à l'égalité et à la justice, du
moins à une amélioration du sort, qui lui permettrait de vivoter. Son illusion fut, cependant, de courte
durée ; la nouvelle Constitution, au lieu d'être une
amélioration sur l'état des choses sous l'ancien
régime, où le sultan reconnaissait encore l'autorité
des puissances et respectait les cris de la presse et
de l'opinion publique, n'était qu'un prétexte pour
jeter la poudre aux yeux de l'Europe. La Chambre
des députés n'était composée que d'agents du gouvernement qui étaient nommés au lieu d'être élus, et
qui ainsi ne représentaient nullement la nation, et
ce fut avec leur aide que le Comité Union et Progrès
s'avisa de se dérober à la surveillance des puissances, et une fois ce premier pas accompli, de redoubler
ses crimes et ses persécutions.

Et ce fut ainsi qu'en 1910 eurent lieu les expédi-
tions de Hauran et de Kerek (Syrie), suivies du mas-

sacre ou de la déportation de tous ceux dont la présence pouvait gêner le Comité ; quant aux attaques et crimes dont furent victimes tous ceux qui osèrent montrer leur mécontentement, il faudrait des pages entières pour en donner une liste. Ce fut alors que la population entière, ne pouvant plus d'un côté supporter cet excès de tyrannie et voyant d'un autre côté les conséquences de l'arbitraire, s'est décidée à solliciter certaines réformes ; celles-ci, grâce au dévouement d'un de nos compatriotes qui prit à sa charge de faire parvenir ces desiderata au cabinet Kiamil pacha par des lettres et rapports officiels et une propagande active dans les journaux, furent examinées par ledit cabinet qui les prit en considération comme légitimes demandes et invita les Comités qui s'étaient constitués pour représenter les diverses communautés à élaborer un projet de réformes selon les besoins du pays. Peu de temps après, ce fut la chute du ministère Kiamil pacha, au mois de janvier de cette année, et l'arrivée au pouvoir du Comité unioniste — événement qui fut suivi par les excès d'antan et qui suscita les événements de Beyrouth.

A l'heure présente, Excellence, les Syriens se trouvent donc sans le moindre espoir d'obtenir les réformes désirées des mains du Comité au pouvoir. Et c'est en face de ce grave obstacle à leur tranquillité et à leur liberté qu'ils font un appel aux puissances. Les événements de cette année et l'attitude impartiale des puissances qui se sont mises d'accord pour obtenir les réformes nécessaires au bien-être des populations en Arménie, leur donnent beaucoup d'espoir. Les Syriens, Excellence, comme vous pourrez juger d'après la liste suivante de demandes, n'exigent que ce qui est de leur droit. Ils ont déjà épuisé tous les moyens légitimes à leur disposition et ils sont tellement résolus à obtenir ce qu'ils demandent qu'il est fort à craindre qu'ils ne soient portés, à bout de patience, à se livrer à des excès regrettables. Ils ont confiance en leur énergie et ils ne demandent pas mieux que de contribuer pour leur part au progrès de l'Empire. Mais il leur manque l'appui nécessaire. Et c'est parce qu'ils ont toujours vu les grandes puissances user de leur influence dès qu'il s'agissait d'obtenir les demandes légitimes d'un peuple opprimé qu'ils s'adressent à votre gouvernement, pleins d'espoir et de confiance en son impartialité et son humanité.

Veuillez agréer, Excellence, l'expression de notre plus haute considération, ainsi que la reconnaissance anticipée de tout le peuple syrien.

Liste des demandes

1° Reconnaissance de la langue arabe comme langue officielle.

2° La collaboration des gens du pays au service et au relèvement du pays.

3° La modification des lois militaires qui ont causé l'émigration continuelle pendant plusieurs années.

4° L'organisation du service de perception d'impôts et la suppression de certains impôts vexatoires.

5° L'autonomie absolue pour tout ce qui concerne les travaux et l'instruction publics.

6° La constitution d'une assemblée générale qui contrôlera les actes des fonctionnaires et qui collaborera avec le gouverneur général pour toutes les affaires administratives, sans avoir besoin, toutefois, de demander des instructions à Constantinople.

7° La réorganisation de l'administration de la justice, la constitution d'une gendarmerie effective et d'une milice nationale pour veiller à la sécurité publique.

8° La modification des lois de commerce et des lois immobilières.

L'*Agence Havas* se faisait, trois mois plus tard, l'écho de ces plaintes :

Beyrouth, 17 novembre. — La population de Syrie est unanime à espérer sa séparation de la Turquie. Tous les catholiques et la grande majorité des musulmans expriment leur ardente sympathie pour la France et montrent une certaine inquiétude résultant du fait qu'un appel a été adressé directement à l'Angleterre par un groupe de musulmans.

Le même état d'inquiétude existe en Egypte. Certains journaux disent ouvertement que l'Angleterre songerait à occuper bientôt la Syrie.

On annonce un prochain voyage dans cette région d'un représentant de l'Angleterre en Egypte.

La presse et des informations particulières confirment cette dernière nouvelle. Ce représentant anglais parcourrait, dit-on, la Syrie, recevrait des délégations et serait même en mesure de parler de la possibilité d'une intervention de la Grande-Bretagne.

Notre ambassadeur à Constantinople, sollicité

par M. Naggiar, le publiciste libanais dont nous avons déjà parlé, lui répondait par ce propos déconcertant :

Il m'est impossible de vous promettre aucun appui. Les Turcs sont en train de réaliser en Turquie ce que nous avons fait chez nous en 1789.

La question arabe préoccupait cependant de plus en plus les chancelleries ; elle devenait d'une acuité redoutable. Toutes les ambitions, les convoitises, les appétits se heurtaient à ce sujet, sans qu'on tînt compte des intéressés. On n'avait pu empêcher les Balkaniques d'arriver à leurs fins ; on serait peut-être plus heureux en Asie-Mineure.

Sans se lasser, les Arabes réclamaient leur autonomie et faisaient entrevoir les dangers de l'attitude des puissances (1) :

21 décembre 1913. — Si les Jeunes Turcs ne cherchent qu'à jouir du pouvoir, s'ils s'illusionnent sur les sentiments amicaux et protecteurs de la Triplice et ne veulent pas agir, alors il n'y a qu'à les laisser perdre leur pays, ce qui sera chose faite avant très peu de temps.

Mais la France ? la Russie et même l'Angleterre ? N'ont-elles pas intérêt à voir se constituer des nations dans cette Asie-Mineure partagée en dépit de toutes les notions ethniques ? *Ne risquent-elles pas de se voir mêlées à un grand conflit avec les autres compétiteurs d'abord, et ensuite d'assister à des convulsions intérieures des peuples qu'elles se seront partagés avec les autres et qui voudront se réunir quand même ?*

Ne serait-ce pas plus avantageux pour la Grande-Bretagne d'avoir avec elle tout un empire arabe, digue formidable aux empiètements teutons ? Je sais bien qu'elle envisage la disparition de la Turquie, qu'elle y pousse sans en avoir l'air avec ses arrangements avec l'Allemagne, et que ce jour elle aura à La Mecque le Commandeur des Croyants, un Arabe ; mais ne sera-t-il pas trop tard pour ses musulmans de l'Inde qui s'agitent fort et obéissent pour le mo-

---

(1) Annexes : Le Problème d'Asie-Mineurs — pièce n° 9.

ment aux injonctions du Sultan de Constantinople qui reçoit les inspirations de Berlin ?

Entre parenthèses, on peut dire que cet événement aurait pu se produire l'année dernière, et c'eût été une bonne chose. L'Angleterre y aurait gagné en force. De même la France n'aurait plus eu à craindre de propagandes néfastes dans ses possessions musulmanes. Elle a eu même en mains, fin 1912, croyons-nous, tous les éléments utiles pour faciliter ou laisser s'opérer cette reconstitution d'une Arabie autonome et l'on peut juger aujourd'hui combien cette unité arabe servirait de frein à des ambitions démesurées et contraires, et serait un empêchement absolu à un partage dangereux et rempli d'écueils. Il fallait voir loin et juste ; en un an, le péril est devenu imminent pour la France qui risque de rester seule en Méditerranée en face d'indifférents d'une part, et d'ennemis résolus de l'autre ; elle y perdra la Syrie et aura de la peine à se maintenir en Afrique, à moins que, par un sursaut d'énergie, revenant aux jours épiques de 93, elle ne fasse front partout et ne gagne la partie. Ceci, nous l'espérons, sans toutefois ne pas regretter l'absence d'un geste ou mieux le nonvouloir de prononcer un mot en décembre 1912.

Il ne reste plus, comme ressource dernière, pour le plus grand bien de la Turquie, aussi bien pour la sécurité présente et future de la Russie, de la France et, quoi qu'elle en pense pour le moment, de l'Angleterre, qu'à espérer en un sage esprit politique des Jeunes Turcs. En procédant comme nous l'avons dit plus haut, mais sans tarder, ils éviteront une catastrophe, ils redeviendront forts, ils pourront parler haut, ils vivront. Le voudront-ils ?

La question de la mission militaire allemande à Constantinople (général Von Sanders, inspecteur général), vint compliquer la situation. La Triple-Entente, devant ce coup droit, se fit plus unie. Allait-elle trouver la solution heureuse — la seule logique — pour riposter ? On revivait des heures plus troubles qu'en 1912-1913. Les comparses avaient disparu; les grands Etats se trouvaient en présence.

A Constantinople, malgré la joie d'être soutenu officiellement par Berlin, une certaine anxiété régnait. La correspondance que nous donnons en fait connaître les raisons :

Constantinople, 21 décembre. — On est très inquiet, à la Sublime-Porte, à la suite des récentes informations reçues d'Arabie et de Mésopotamie et donnant des détails circonstanciés sur le mouvement des principaux cheikhs et émirs arabes qui, après avoir fait la paix entre eux, veulent se réunir en Congrès. C'est l'ex-député de Bassorah, Talib bey, qui a provoqué ce mouvement, dont les tendances ne sont pas encore bien connues, mais où des idées séparatistes, des idées antiturques au moins, pourraient bien se faire jour au détriment du régime jeune-turc. Jusqu'ici, les chefs arabes qui ont décidé de prendre part au Congrès sont les suivants : l'émir Ibn Esséoud ; l'émir Abdul-Aziz, cheikh du Nedjd ; le cheikh de Mohammerah (embouchure du Karoun, Perse) ; le cheikh de Koveït ; Moubarrek ess-Sabah pacha ; l'émir Ibn-Réchid de Haïl et plusieurs autres potentats de moindre importance. En outre, Talib bey, âme de ce Congrès, travaille à convaincre les tribus de Bassorah et de Muntafik de la nécessité de s'y faire représenter elles aussi. Le mouvement est communicatif ; il tend à gagner toute l'Arabie, l'Irak ou Mésopotamie et tous les vilayets de l'Anatolie à population arabe. Dans les sphères gouvernementales turques, l'on fait remarquer que tous ces émirs ne peuvent vouloir conquérir leur indépendance puisqu'ils en jouissent déjà. Mais c'est justement cela qui est inquiétant, car tout Congrès finit par une motion et il est à craindre qu'ils ne demandent quelque chose en sus de leur indépendance intérieure de la Turquie. Malgré le soupçon que l'Angleterre n'est peut-être pas étrangère à tout ce qui se prépare dans les tribus, le grand-vizir a prié Sir Lewis Mallet, ambassadeur de cette puissance, d'engager son gouvernement à agir auprès de l'émir Moubarrek, son protégé, pour que le Congrès ne se tienne pas à Koweït. Sir L. Mallet a fait remarquer que s'il ne se tient pas à Koweït, il se tiendra ailleurs et que, partout, l'intervention demandée ne serait point décisive en la matière. Là-dessus, tous les journaux arabes de Bassorah, l'*El-Nahza*, de Bagdad ; l'*El-Mufid*, de Beyrouth, et d'autres publications arabes ont été suspendus. Une grande effervescence est signalée de partout, en pays arabes de l'Orient. Le gouvernement, pour ne pas être pris au dépourvu, a

donné des instructions spéciales au général Djavid
pacha, homme à poigne et d'esprit résolu, qui est
parti le 18 décembre pour Bagdad, où il occupera le
poste de gouverneur général avec le commandement
du 13ᵉ corps d'armée. Si des renforts sont nécessaires, ils lui seront envoyés. L'entente des cheikhs
arabes est suivie de près et l'on compte ici sur les
efforts modérateurs de l'émir de La Mecque, qui, en
sa qualité de « chérif », est l'un des descendants du
fondateur arabe de l'islamisme. On ne prévoit pas,
pourtant, jusqu'où son action féale pourrait être
efficace.

Notre Président du Conseil, M. Gaston Doumergue, prononçait bien un discours sur notre
politique extérieure, mais, comme l'écrivait M.
Jean Herbette :

Il n'a rien dit pour marquer comment la France
envisage, à notre époque où tant de changements se
préparent peut-être, son rôle dans le Levant, sa place
dans la Méditerranée.

Comme pour répondre à ces regrets, M. Paul
Adam, dans la *Dépêche de Toulouse*, préconisait
une solution radicale, c'est-à-dire l'abandon complet des espoirs futurs en Syrie et en Palestine. Il
réclamait une entente absolue avec certains pays
(l'Allemagne) pour libérer notre empire afri-
cain de toutes les charges qui pouvaient nous
gêner et, tout en sauvegardant nos intérêts économiques en Asie-Mineure, il désirait que nous
laissions les autres s'y tailler la part convoitée.

Cet article avait pour but de préparer l'opinion
publique à accueillir certaines tractations dont
nous parlerons plus loin.

Les préoccupations de chacun se faisaient toutefois plus pressantes. M. A. Cuvillier, dans la
Marché du 11 janvier 1914, après avoir passé en
revue toute la question arabe, terminait par ces
mots :

Aussi ne faut-il pas s'étonner qu'un comité de réformes ait été créé dans tous les centres importants

et centralisé au Caire, pour échapper à toute suggestion étrangère. Cet été les réclamations ont été précises à Constantinople et l'octroi de certaines améliorations, comme l'usage de la langue arabe, a été consenti. Est-ce suffisant ? Nous ne le pensons pas.

Les requêtes des opprimés ont été adressées aux puissances. La France a répondu par une fin de non-recevoir. La déclaration de ses ministres, renouvelée ces jours-ci, sur sa volonté de maintenir l'autorité absolue du Sultan sur ces régions, a produit une impression plutôt pénible. La création, annoncée comme preuve de sollicitude de notre part, d'un plus grand nombre d'écoles n'est pas d'un effet considérable. L'élite qui suivra ces cours se trouvera dépaysée après la fin des études ; elle sentira plus vivement l'oppression turque et s'expatriera soit en Egypte, soit aux Etats-Unis. En Egypte, elle reçoit un accueil chaleureux, sympathique. Les autorités britanniques dans ce pays et dans les consulats d'Asie-Mineure aident de tout leur pouvoir les requêtes des habitants qui leur ont déjà à maintes reprises adressé des pétitions. L'Angleterre ne les a pas reçues, pour rester fidèle à l'entente cordiale ; mais pourra-t-elle toujours rester insensible à ces sollicitations devant l'occupation militaire allemande qui s'étend chaque jour et constitue un véritable danger pour elle ?

Nous voyons à Paris des hommes politiques protester contre le partage de l'empire turc et réclamer — comme un dogme datant de François Ier — l'intégrité de cette puissance ; ils pouvaient avoir raison hier, mais aujourd'hui ils semblent des illusionnistes. Où est cette intégrité depuis que les Allemands sont installés dans le cœur de la place ? C'est vouloir nier l'évidence que de dire le contraire. Aussi ne pouvons-nous que regretter notre inaction diplomatique. Si nous avions insisté, d'accord avec l'Angleterre et la Russie, pour donner aux Arabes une large autonomie, nous aurions pu, aux jours prochains du danger, faire fond sur leur reconnaissance. Ceux-ci sont une force, et cette force aurait pu heureusement contrebalancer celle que reconstitue en ce moment l'Allemagne, à son profit et à celui de la Triplice, sur les rives du Bosphore.

Envisagée de ce côté militaire, la question arabe prend alors plus d'ampleur et sa solution devient pour nous vitale. C'est ce que nous avons voulu exposer.

Nézib Azoury, dans l'*Egypte* (14 janvier 1914),
jetait un nouveau cri d'alarme :

« On ne s'étonnera pas, devant cette inertie des
puissances en cause, que les peuples d'Orient, jadis
si fidèles à la France ou à ses amis et alliés, tournent
leur regard vers des astres nouveaux qui les éblouis-
sent de leur éclat, comme autrefois l'étoile de
Louis XIV et celle de Napoléon les avaient fascinés
au point qu'ils en ont conservé jusqu'ici le culte,
malgré de nombreux et inexplicables abandons. »

La *Jeune Turquie*, qui se publiait à Paris, s'occupait également de la crise, vue du côté ottoman
(14 janvier 1914) :

LES REFORMES ET LE PROBLEME
DE L'ASIE MINEURE

C'est la question à l'ordre du jour, on y travaille
depuis de longs mois — depuis trente-cinq ans plutôt — et peut-être sera-t-elle résolue à l'heure où paraîtront ces lignes. La solution, actuellement à
l'étude, comporte la répartition des six ou sept vilayets de l'Anatolie orientale en deux secteurs qui
recevront chacun un inspecteur général et des spécialistes chargés d'organiser une administration
saine et solide.

Ces dispositions complètent la loi sur l'administration des vilayets et répondent d'ailleurs aussi bien
aux vœux des populations intéressées qu'aux désirs
des grandes puissances. La Russie, en particulier,
a beaucoup insisté pour obtenir des réformes en
Arménie, et l'affaire de la mission allemande lui a
permis de formuler ses revendications avec une nouvelle énergie. Mais ce n'est pas là le souci qui doit
nous guider. Nous devons comprendre, nous-mêmes,
qu'il est à la fois de notre devoir et de notre intérêt
de régénérer le plus rapidement possible nos provinces d'Asie-Mineure, sous peine de les voir suivre
le sort de la majeure partie de nos possessions d'Europe.

Rien, en effet, ne facilite plus le détachement des
races et les interventions étrangères, que l'état de
trouble et d'insécurité qui sévit dans ces vilayets.

La décision de confier à des spécialistes étrangers
le soin de surveiller, à titre d'inspecteurs-généraux,

la bonne marche de l'administration, n'est pas quelque chose de nouveau.

Le gouvernement ottoman, il y a déjà plusieurs mois, avait demandé à une grande puissance comme l'Angleterre de lui désigner de hautes personnalités qui se fussent fait remarquer particulièrement dans l'organisation de l'administration des colonies. Des noms comme celui de lord Milner furent même, un instant, prononcés. Mais ce plan, qui aurait eu toutes les apparences d'une entreprise sérieuse, fut bientôt abandonné, et ce ne fut pas, à ce qu'on assurait alors, par la faute de la Sublime Porte.

Aujourd'hui, on se contente de moins.

On empruntera aux petits Etats neutres (la Suisse, la Belgique, la Hollande, la Suède), les spécialistes qui seront chargés des fonctions d'inspecteurs généraux. Ces pays sont des modèles de bonne administration. De plus, les hommes qui seront désignés par ces Etats neutres resteront entièrement étrangers à toute visée politique. Ils exerceront leurs fonctions d'une façon pleinement impartiale et veilleront à ce que les fonctionnaires ottomans, grands et petits, appliquent sur un pied de parfaite égalité, pour tous les éléments de la population, les lois et règlements de l'empire.

De la sorte, les intérêts de tous seront sauvegardés sans que la dignité de l'Etat soit compromise ou son intégrité menacée.

Ce n'est pas à dire, pourtant, que nous puissions nous endormir dans la paix. De terribles appétits sont éveillés, et malheureusement chacun a déjà fait choix du morceau qu'il compte avaler.

L'Allemagne d'abord espère se tailler la part du lion. Sa mainmise sur notre armée est déjà un fait accompli et la construction du Bagdadbahn lui a permis de s'installer en maîtresse au cœur de la Turquie. Si l'on y ajoute les innombrables concessions que ses nationaux ont obtenues dans d'autres parties de l'Empire, les intérêts grandissants de la navigation et du commerce tudesques, on s'apercevra que le kaiser peut déjà presque considérer notre pays comme une colonie économique allemande. Il n'a même pas besoin de l'occuper effectivement : l'homme d'affaires qui contrôle une exploitation en est beaucoup plus maître que le soldat qui conquiert une province pour le plus grand profit de la finance internationale.

La Russie, pour le moment, se contente de l'Arménie. Les réformes obtenues par son intervention lui assurent la prépondérance dans cette région, où son influence s'étend et se renforce sans bruit.

L'Angleterre a choisi son lot vers le sud. Ses intrigues à Mascate et à Koweït, ses menées religieuses à la Mecque, ses insinuations sur le rôle possible du khédive dévoilent déjà que, gênée par le transcontinental allemand, elle médite de réunir le golfe Persique à l'Egypte en annexant plus ou moins ouvertement l'Arabie.

La France a déjà délimité son champ d'action en Syrie, où elle jouit d'un prestige séculaire. Reste l'Italie, qui a les dents longues. Après s'être annexé la Tripolitaine, elle a cherché à s'installer dans le Dodécanèse, au mépris de la foi des traités. Il est possible aujourd'hui que ses manœuvres soient déjouées, grâce à l'opposition de la Triple-Entente. Mais, en ce cas, elle compte bien se rattraper sur le continent, et elle a déjà jeté son dévolu sur la Cilicie.

L'occupation et le partage de l'Asie-Mineure pourraient donc suivre, à bref délai, le premier incident qui mettrait le feu aux poudres. Les grandes puissances sont jalouses de l'extension inattendue des Balkaniques. Il est fort à craindre qu'une guerre gréco-turque, par exemple, amènerait aussitôt leur intervention.

Jamais la prudence, l'habileté et la force n'ont donc été plus nécessaires à nos gouvernants qu'elles ne le sont dans les circonstances actuelles. Pour le moment, l'Europe nous attend sur la réalisation des réformes. C'est là qu'elle jugera de notre vitalité. Ce n'est donc pas tout de les décider, il faudra encore les appliquer, de manière telle que l'on comprenne au dehors que nous devons rester maîtres chez nous, parce que nous avons à la fois la sagesse et la dignité d'une nation moderne.

René DENIORT.

Les visées anglo-égyptiennes, dont parlait la *Jeune Turquie*, étaient des plus réelles depuis le pélerinage du Kédive Abbas-Hilmi à La Mecque (1).

Enfin, Négib Azoury nous faisait part de ses angoisses (1er février 1914) :

______

(1) Appendice pièce n° 10.

« L'agitation en Syrie est à son comble ; les esprits sont très disposés pour un coup d'Etat ; les officiers arabes attendent un point d'appui, car on ne se soulèvera que lorsqu'on aura confiance dans ce point d'appui. Du reste, il serait criminel de favoriser ou de pousser un mouvement, par impatience, sans avoir assuré sa retraite. Cette retraite, c'est le désert, et c'est là que je travaille en ce moment. Le terrain est très favorable; mais il faut le cultiver et le préparer. Cent mille fusils avec leurs munitions et cent mille livres sont nécessaires pour tout. »

Malheureusement, on avait laissé échapper toutes les occasions favorables et l'accord anglo-turc ne permettait pas de prévoir, d'ici longtemps, la fin de la servitude arabe. Nous écrivions à ce propos dans le *Marché* du 22 février 1914 ces lignes révélatrices :

COMMENT NOUS PERDONS L'ASIE-MINEURE

L'accord anglo-turc relatif à l'Asie-Mineure a été signé ces derniers jours, faisant connaître « urbi et orbi » les intentions de la Grande-Bretagne, intentions que nous avons exposées dans l'article paru dans ce journal le 21 décembre dernier. Se désintéressant complètement du reste de l'empire turc, sauf du Dodécanèse, à cause de l'Egypte et de la route des Indes, bien menacée d'ailleurs, l'Angleterre prépare ses batteries. Voici ce que dit, à la date du 10 février 1914, le journal « L'Egypte » :

« Il y a quelques jours le bruit courait qu'une expédition anglaise composée de plus de 120 officiers et soldats anglais en civil faisait l'arpentage de la région située en Akaba et Rafah, ayant à son service les fils des plus influents chefs bédouins du pays engagés avec de forts appointements.

« Cette nouvelle a eu son commentaire dans les milieux indigènes de la Syrie et de la Palestine, car on n'ignorait pas les vues politiques de l'Angleterre sur cette partie de la Palestine.

« Voici le résumé de la correspondance reçue par « La Palestine » à ce sujet :

« La Société Anglaise Palestine Exploration Fund possède depuis trente ans un Iradé Impérial qui l'autorise à étudier et faire les recherches des monuments anciens entre Gaza, Bir Sabeh, Akaba, la mer Morte et Bissan.

« Cette société ayant presque terminé ses fouilles dans la partie Nord de la Palestine, il lui reste la partie Sud située entre Gaza et Akaba (du côté de la frontière égyptienne) ainsi que la partie entre Akaba et la Mer Morte et la Mer Morte et Gaza, ce qui forme un triangle de fouilles.

« Dans le but de faciliter aux ingénieurs de terminer cette mission très difficile, la société anglaise a engagé à son service des Anglais attachés à la partie technique du département d'arpentage avec mission de dresser une carte géographique du pays et des anciennes ruines.

« Les officiers anglais sont arrivés sur les lieux accompagnés de trois ingénieurs de fouilles dont deux qui travaillaient du côté d'Alep.

« Cette mission est commandée par le lieutenant anglais Newcombe.

« Quant au nombre de ses membres il n'est pas le quart de ce qu'on avait annoncé.

« On croit qu'il faut cinq mois pour que la mission puisse terminer la carte demandée.

« Il n'en reste pas moins que l'archéologie a souvent abrité la politique sous son manteau et qu'il serait puéril de ne pas tenir compte de ce qui se passe du côté d'Akaba. »

En réalité, les Anglais procèdent tout simplement à l'étude du grand Central Arabe, partant de Port-Saïd et passant par El-Arich, le plateau de Bir-Sabeh (fort riche), Maan, le désert pierreux, l'oasis du Djof, pour aboutir au golfe Persique. Cette ligne est la réponse au Bagdad, à condition, toutefois, que la Méditerranée reste libre. On comprend pourquoi l'Angleterre a laissé le champ libre dans le Nord aux Allemands, se réservant seulement le réseau fluvial du Chatt El Arab, du Tigre et de l'Euphrate, et l'hinterland de Koweit. Si le rêve anglais se réalise, l'Egypte, l'Arabie, le Sud de la Perse, l'Afghanistan et l'Inde formeront un vaste empire, et la mer Rouge et le golfe Persique en seront les lacs intérieurs.

La France, également, vient de parapher son petit accord, un avorton auprès du précédent, si fragile, si délicat, si humble qu'il se cache. Il ne sera dévoilé que plus tard, après la séparation des Chambres, car il est le digne pendant du traité congolais. On laisse entendre cependant qu'il est avantageux, que nous avons cinq ports à outiller en Syrie, que les voies ferrées auront aboutissement à Djarbekir, et que nous avons, par conséquent, toute la Syrie sous notre influence. Quant aux chemins de fer d'Anatolie, inutile de s'y appesantir ; nous faisons là du travail pour la Russie.

Que ce soit là où ailleurs, nous voyons seulement pour notre pays de belles affaires industrielles, momentanées, qui réjouiront certains groupements financiers et de grosses entreprises. Quant à l'influence ?

A ce propos, notre confrère « Paris-Journal » a publié le 17 courant une « note du jour » dont nous extrayons les passages suivants :

« C'est fait maintenant. Le kaiser domine la ligne de Bagdad... jusqu'au jour prochain, je l'espère, où la Turquie sera assez forte pour la tenir à son tour.

« Mais en attendant, réjouissons-nous que la France et l'Allemagne se soient mises d'accord pour régler la question des raccordements des lignes syriennes à celles de Bagdad.

« Cet accord nous laisse encore un champ d'action considérable, même du côté de Bagdad, si nous savons vouloir une politique active et suivie en Asie Mineure, pour et avec le gouvernement ottoman.

« Et puis cet accord termine une difficulté, d'où était née, plus ou moins directement, l'affaire marocaine (Tanger, Agadir, les Trois Ans).

« Il ne reste plus qu'à régler avec l'Allemagne le reliquat de cette affaire, c'est-à-dire les litiges ayant trait aux droits miniers; chose relativement facile depuis l'arrangement minier international et le protocole du 21 janvier dernier.

« Après quoi, il n'y aura plus entre les deux puissants voisins que... Mais le temps est un si grand maître. »

M. François Deloncle a un faible pour la Turquie, notre vieille alliée depuis François Ier. Je partage ses sentiments si sincères et serais heureux d'en voir la réalisation ; malheureusement, il oublie que la Turquie est gouvernée par les Jeunes Turcs contre lesquels s'insurge tout l'élément sain du pays, soumis à un régime de terreur ; il ne pense pas que ces fanatiques ont le mépris absolu des races, autres que la leur, qui composent leur empire. Il y a deux ans, un officier turc, qui a fait son chemin depuis, me disait ces propres paroles :

« J'ai voyagé partout, dans le monde entier, et ai des idées très libérales ; mais, vous l'avouerais-je, quand je me trouve en présence d'une personnalité marquante, Arabe par exemple, d'une intelligence reconnue, je ne puis m'empêcher de penser qu'il y a plusieurs centaines d'années mes ancêtres ont vaincu les Arabes et que nous sommes devenus leurs maîtres ! »

En nous faisant les alliés et amis de gens ayant cette mentalité, nous nous aliénerons tous les Arabes qui espèrent encore en nous. Ah ! si, au lieu des assassins de Nazim Pacha et de combien d'autres, le prince Sabaheddine, le général Chérif Pacha et tous les Turcs sages et sensés, comprenant le principe des nationalités et les véritables intérêts de la Turquie, étaient au pouvoir, alors, oui, nous pourrions marcher avec eux, certains de faire œuvre utile en Orient et d'avoir des alliés sincères. Dans les Jeunes Turcs, des amis et domestiques de l'Allemagne, nous avons des ennemis avérés. En veut-on une preuve ? Lisons cette dépêche suggestive :

« Beyrouth, 10 février.

« Le comité Union et Progrès ,désireux de réagir contre le mouvement arabe, a constitué, il y a quelques semaines, une « ligue de fraternité musulmane de Beyrouth ».

« Cette ligue, dès sa constitution, s'est adressée au consul d'Allemagne pour lui demander pour des Syriens des bourses dans les universités allemandes.

« L'émir Saïd, dont les sentiments antifrançais sont connus, fait aujourd'hui annoncer que le gouvernement allemand met quinze bourses à la disposition non pas seulement des Syriens, mais plus précisément des Algériens émigrés en Syrie.

« Il convient d'ajouter que les efforts de l'émir Saïd pour recruter les boursiers sont demeurés jusqu'ici sans aucun succès.

« Dans les milieux favorables à la France on regrette que le gouvernement français ait tant tardé à créer des bourses d'enseignement supérieur pour les Syriens. »

Qu'importent aux Français amis des Jeunes Turcs et même de l'Allemagne, des manifestations de cette nature ! L'Allemagne n'est-elle pas satisfaite d'être la vraie maîtresse de l'Asie Mineure ? Et ne va-t-elle pas étendre sur nos têtes une main protectrice grâce à laquelle nous n'aurons plus aucun ennui au Maroc, pourrons abandonner la loi de trois ans et vivre une ère heureuse ?

Qui veut-on tromper?

Ce qui se prépare en ce moment au grand jour, du consentement des Jeunes Turcs, c'est le partage de l'empire ottoman. Le morceau que l'on nous abandonne pour l'instant — les miettes comme le disent les journaux allemands, miettes que l'on trouve encore trop grosses — ne sera jamais à nous. Dores et déjà, prenant position comme au Maroc, l'Allemagne s'est infiltrée dans le pays syrien et palestinien ; elle y a pris pied par des concessions agricoles, par des écoles, des missions, par des emprises sur les mines. Nous, nous avons tout abandonné dans le reste de l'Asie Mineure et de nouveau, à l'heure du partage, lorsque nous nous croirons les maîtres chez nous, il faudra subir un nouvel Agadir et abandonner un nouveau Congo si nous avons à ce moment-là un gouvernement de déchéance, ou accepter la guerre, ce qui serait incontestablement plus viril, plus français.

L'Angleterre, si superbe dans sa politique néfaste à elle-même et à ses amis, ne sera pas à l'abri des procédés de marchandage allemands ? Voici encore (je m'excuse d'en mettre autant en un seul article), une citation à l'appui de mes dires :

La guerre des langues en Palestine

« Les chefs sionistes en Palestine font des efforts considérables pour adapter à l'enseignement général dans toutes les écoles juives la langue hébraïque. Mais comme la langue hébraïque, en ce qui concerne les expressions scientifiques modernes, ne possède pas un vocabulaire suffisant, il était à penser que l'on introduirait une langue européenne moderne à l'école technique de Haïffa. Le conseil d'administration siégeant à Berlin a décidé que la langue allemande serait, en effet, la langue d'enseignement. A la suite de cette décision, quelques membres du Conseil ont démissioné.

« Ce qui jette une lumière significative sur toute cette question, c'est la protestation en masse de la nouvelle grande colonie juive, Tell Aviv à Jaffa, qui a décidé de manifester contre l'emploi de la langue allemande à l'école technique. Seule la langue hébraïque devrait être enseignée, ce qui équivaut à une déclaration de boycottage ».

« Le *Berliner Tageblatt* écrit :

« Une partie des professeurs de l'école de Jérusalem du comité de secours des Juifs allemands a organisé une grève avec le concours des élèves, pour obtenir que la langue hébraïque soit employée exclusivement comme langue d'enseignement. Cette grève a déjà conduit à des excès et le consul général allemand, sous la protection duquel se trouvent tous les établissements du comité de secours à Jérusalem, a été obligé de quérir les forces de police. Le bureau central des Sionistes a envoyé une déclaration disant que le comité de secours des Juifs allemands est contre la présente lutte et que les professeurs du comité de secours auraient protesté contre l'emploi de la langue allemande, à la place de la langue hébraïque, dans l'enseignement, et que tous les professeurs auraient démissionné en bloc. (*L'Egypte,* 6 février 1914). »

Il est vrai que l'Angleterre espère toujours s'arranger avec l'Allemagne au dernier moment, en lui faisant une large part au détriment de ses soi-disant amis et alliés. Dangereuse illusion ! Ses concessions successives, son impuissante longanimité à l'égard de l'Allemagne et de la Triplice qui la provoquent sur tous les points du globe, et en particulier en Orient, produisent dans cet Orient si convoité un effet déplorable.

On nous conseille la même politique, mais plus effacée, plus subalterne. Ne se trouvera-t-il pas un ministre des Affaires Etrangères pour arrêter ce recul et pour inspirer enfin à notre diplomatie une ligne de conduite plus adéquate à notre caractère et à notre dignité ?

Mais quel est sur ce triste sujet l'opinion de nos protégés ? des Syriens ? des Arabes ? Déjà, le Quai d'Orsay s'est plaint de l'attitude de la presse de ces contrées. Comment espère-t-il la modifier s'il continue à se confiner dans un effacement incompréhensible ?

Or, nous pouvons le dire hautement, on commence à se lasser là-bas ; on se demande comment on pourra lutter contre les empiètements continuels des Allemands, dans les domaines intellectuels, commerciaux, industriels. *On se décourage, on tend à se résigner.* Au moment de la révolution jeune-turque on voulait se grouper autour du Croissant ; on espérait en une justice meilleure, en une administration équitable confiée à des chefs pris dans le pays. Devant l'effondrement de ces espérances, on s'est retourné vers la France; celle-ci n'a pas répondu. Comme la haine à l'égard des Turcs grandit chaque jour, si possible, comme les secours ne viennent pas du pays tant aimé, on acceptera qui viendra, les Allemands ou les Italiens.

Cependant, malgré l'emprise allemande qui ne laisse plus aucun espoir aux Turcs de reprendre leur pays, malgré la part que s'est adjugée l'Angleterre, malgré l'os à ronger que ces deux puissances ont abandonné à la France, la région arabe de l'Asie-Mineure n'est pas encore au pouvoir de ces affamés; l'agitation croît dans les pays arabes; elle est même arrivée à son état aigu. La presse arabe, autant qu'elle peut le faire sans être inquiétée, favorise ces idées, les développe, les encourage, et elle n'accepterait plus les promesses trompeuses qu'on pourrait lui faire ni les mirages décevants qu'on placerait sous ses yeux. Ce monde arabe veut vivre; cette nation veut de nouveau être elle-même. Son sentiment est si fort qu'il a gagné toute la péninsule, que de grands chefs discutent en ce moment, aux portes du soi-disant désert, les dernières bases d'une entente générale. Et dans quelques mois, *c'est tout ce que l'on peut dire*, ce peuple tentera un vigoureux effort en faveur de la reconstitution du puissant empire de jadis. S'il réussit, adieu les rêves triomphants de l'Allemagne, de l'Angleterre, et les timides espoirs de la France. S'il échoue, nous, Français, nous ne compterons plus là-bas, parce que nous serons restés indifférents.

Je ne puis de nouveau que regretter ce qui s'est passé dans le dernier trimestre de 1912. Les Arabes, si Français de cœur, avaient prévenu le quai d'Orsay de l'alerte d'Alexandrette (ville aujourd'hui allemande et qu'à cette époque rapprochée l'on comptait encore dans notre sphère d'influence), vingt jours avant les diplomates et les consuls ; ils avaient tenu le ministre au courant des intrigues étrangères, malgré leur intérêt contraire : ils attendaient un mot, un seul, et c'était la liberté, sans aucune compromission pour nous. Hélas ! si l'on accepta avec empressement les services si spontanément offerts, on ne dit rien. Le temps passa, l'heure propice également. Et pourtant ! Si, à ces avances, on avait répondu par un acquiescement discret, on ne verrait pas aujourd'hui les marchandages et les partages auxquels nous assistons; la question d'Orient serait liquidée sans menace d'une guerre européenne. Un grand peuple, réveillé de sa torpeur, aurait surgi comme nation, et la France, rendue plus forte par le soutien même qu'elle lui offrait, plus fière aussi parce qu'elle aurait continué sa tradition, serait la conseillère de ce pays et l'arbitre des destinées orientales.

Pourquoi faut-il... ?

On avait au quai d'Orsay des idées tout autres. On se congratulait du rapprochement envers la France que semblait esquisser le ministre des Finances turc, Djavid bey, venu pour assurer l'emprunt ottoman. On ne peut qu'être surpris de tant d'aberration. Les renseignements que nous avions donnés étaient connus de tous, en haut lieu. Faut-il donc croire, hélas ! à d'autres intérêts louches de la part de gens à qui importait peu le salut du pays, pourvu que... ?

La *Dépêche de Toulouse* et nous-mêmes continuions à protester, voix dans le désert :

L'ERREUR DE NOTRE POLITIQUE
EN ASIE-MINEURE (1)

La presse française, suggestionnée par des communiqués tendancieux émanant soit du monde officiel ou diplomatique, soit de groupes financiers, paraît avoir accepté sans sourciller les protestations de nouvelle amitié de Djavid bey et consorts. Les Allemands ? Fi donc ! s'exclament les Jeunes-Turcs; dans peu de jours, nous les prierons de s'en aller de notre armée, de notre Anatolie, de notre Mésopotamie ; la France seule est pour nous l'amie rêvée.

Seule, ou presque seule, la *Dépêche de Toulouse* a fait remarquer « qu'il y a quelques semaines, le « même Djavid Bey s'exprimait à l'égard de notre « pays dans les termes les plus méprisants, parce « qu'il comptait trouver à Berlin l'argent dont le « Trésor ottoman avait besoin. »

Or, pas plus dans cette occasion que dans les précédentes, les paroles d'un ministre ottoman ne méritent d'être prises en considération. Les promesses ne sont rien; les mots n'ont aucune valeur, et, aujourd'hui comme hier, les véritables tendances de

______

(1) *Le Marché*, du 1er mars 1914.

la politique ottomane ne peuvent se mesurer exactement qu'aux actes du gouvernement.

Quels sont ces actes ? A quoi tendent-ils ? A qui profitent-ils ? La réponse n'est pas douteuse. La politique ottomane est aujourd'hui plus germanophile que jamais et son dernier acte, c'est-à-dire l'installation d'une mission militaire allemande à Constantinople est assez clair, assez éloquent, pour ne nous laisser aucune illusion. L'armée turque est entre les mains de l'Allemagne. Les fortifications des détroits sont reconstruites par des ingénieurs militaires allemands. Les avantages consentis à l'Allemagne, au point de vue économique, sont immenses et décisifs. Depuis Diarbékir jusqu'à Alep, depuis Constantinople jusqu'à Bagdad, l'influence allemande domine sans conteste.

Et c'est à la consolidation de cette influence qu'on nous demande de participer ! Il faut de l'argent pour réorganiser la flotte, pour réorganiser l'armée, pour assurer l'achèvement du Bagdad allemand. C'est la France qui le donnera. On lui concédera en échange la construction de voies ferrées qui ne comporteront aucun avantage politique, comme celles du bassin de la Mer Noire.

L'opinion française se montrera satisfaite, mais l'opinion allemande le sera bien davantage et avec beaucoup plus de raison. »

On ne saurait mieux dire. En préconisant l'emprunt turc actuel, en induisant sciemment en erreur l'opinion publique, ceux qui s'en constituent les initiateurs, et la presse qui les seconde, travaillent en réalité pour le roi de Prusse. Erronées les nouvelles de départ de la mission militaire allemande; seuls quelques officiers de l'ancienne mission allemande rentrent dans leur pays, leur engagement étant terminé. Fausses en tous points les modifications de l'esprit jeune-turc ; celui-ci est inféodé à l'Allemagne, sans intention de retour. Uniquement une révolution à Constantinople pourrait modifier l'état de choses actuel et ce serait à notre grand avantage. Or, les profonds financiers et politiques qui sont à la tête de notre gouvernement sont justement en passe de vouloir consolider la situation de leurs ennemis irréductibles, les Jeunes-Turcs, en leur permettant d'avoir l'argent indispensable à leur maintien au pouvoir.

Aberration ? Complicité ? Je ne veux pas le rechercher, mais je contaste.

Le gouvernement désire complaire à la Porte, à l'Allemagne; il craint de froisser l'Angleterre. En bon Français, cela veut dire qu'il n'y a pas de direction, pas de volonté, pas de sens politique, mais seulement satisfaction de certains intérêts. Que penseront de cette attitude les populations syriennes qui avaient foi en nous ? Que diront-elles en nous voyant rechercher seulement des satisfactions financières, grâce à des concessions de ports et de lignes ferrées, sans nous occuper de leurs revendications pressantes et réitérées ?

Nous ne voulons pas prétendre réclamer du gouvernement de la République une politique active, batailleuse, qui amènerait fatalement un conflit général. Il y a des choses qu'on ne peut pas faire, nous le comprenons parfaitement, du moins *coram populo* ; il y a seulement des occasions que l'on peut saisir, mais il faut savoir en profiter au moment favorable. Aujourd'hui, il ne peut être question que de l'appui effectif à donner par notre diplomatie aux réclamations incessantes et justifiées de tout un peuple; celles-ci ont été résumées dans le « Memorandum aux grandes puissances au nom du Comité central de réforme et de défense des intérêts syriens » (1).

Or, qu'a demandé la France à la Turquie ?

I. — Délivrance des firmans qui permettront l'ouverture de certaines écoles et de certains établissements français — qui sont actuellement en instance d'autorisation — suivant les principes de l'accord franco-ottoman de 1901.

II. — Pour l'avenir, application régulière de cet accord.

III. — Assimilation des écoles françaises aux écoles publiques ottomanes, en ce qui concerne la valeur des diplômes, l'exemption des impôts, etc.

IV. — Les ressortissants français poursuivis devant la justice ottomane ne doivent subir une détention préventive que dans les prisons consulaires françaises.

V. — Reconnaissance aux Tunisiens et aux Marocains de la qualité des ressortissants français.

---

(1) Nous l'avons donné plus haut. Seul, *L'Echo de Paris* le publia le 26 août 1913.

VI. — Compromis d'arbitrage pour le règlement de certaines réclamations pendantes.

VII. — Chemins de fer.

a) *En Arménie*, concession définitive (en régie) de la ligne Samsoun-Sivas-Kharpout-Diarbékir. Ce tracé sera complété par la ligne Diarbékir-Erzeroum-Trébizonde.

b) *En Syrie :*

1° Prolongement vers le sud du réseau Damas-Hamah, à partir de Reyak, dans la direction de Jérusalem.

2° Arrangement pour le partage du trafic entre les deux tronçons du réseau Damas-Hamah et de la ligne du Hedjaz, qui atteignent la côte de Syrie, le premier à Beyrouth et le second à Haïffa.

VIII. — Ports.

Concession à des entreprises françaises des ports suivants : Inéboli et Héraclée, sur la mer Noire ; Tripoli, Haïffa et Jaffa, en Syrie.

Des revendications syriennes, pas un mot. Or, dans leur memorandum, les Arabes font observer que la France s'occupe des réformes en Arménie (il est vrai que c'est pour le compte de la Russie) et qu'elle devrait réserver un peu de sa sollicitude à ceux qui jusqu'à ce jour lui étaient tout dévoués.

Qu'importe à nos dirigeants ! Du moment que les groupes financiers sont satisfaits, le reste ne compte pas. Cependant notre pays se plaint de la presse arabe de ces régions; il la voudrait à ses ordres, humble et servile. Il ne connaît pas les Arabes d'Asie-Mineure, de vrais Arabes, dévoués, mais fiers. Que lui dire, d'ailleurs, à cette presse arabe ? Quelles promesses la prier de transmettre à ses lecteurs ? Quelle certitude que ces promesses seront tenues ? Nous avons nous-même posé la question à qui de droit et nous pouvons l'affirmer, sans crainte de démenti, on n'a pu rien nous dire, rien nous répondre. On attend, paraît-il, les rapports des consuls ? Savent-ils quelque chose les consuls de là-bas ? Croit-on réellement que les Arabes leur confient leurs secrets ? Ils ne sont pas si naïfs; ils ont leurs raisons de ne pas l'être.

Il ne faudra pas s'étonner si, après notre prestige et notre influence morale, nous perdons en Orient nos intérêts économiques. Ce ne sera, malheureusement, que juste. On récolte toujours ce que l'on a

semé. Quant aux dirigeants du quai d'Orsay, minis·
tres et directeurs, peu leur chaut ; ils continuent
et continueront leur politique néfaste, réservant
leurs sourires à qui les loue et les aide à endormir
le pays.

Cependant, notre clientèle syrienne était im·
portante.

La France possède en Syrie, Palestine et Liban,
écrivions-nous au 1ᵉʳ mars, 501 écoles, dont 499 con·
grégauistes et deux laïques, ayant une population
scolaire de 50.000 élèves environ, sans compter de
nombreuses petites écoles tenues pas les sœurs de
charité et autres religieux français.

Les Anglais possèdent en Syrie 100 écoles com·
portant 7.000 élèves.

Les écoles allemandes sont peu nombreuses par
rapport aux autres, *mais elles commencent à se mul·
tiplier*. Nous en citerons trois à Beyrouth (garçons
et filles) et d'autres à Caïffa, Jaffa, Saronna, Jéru·
salem, ainsi qu'à Alep, comportant une population
scolaire de 1.935 élèves environ.

La Russie possède en Syrie-Palestine 105 écoles,
ayant 11.500 élèves, des deux sexes. Ces écoles re·
lèvent généralement de la Société Impériale de Pa·
lestine, placée, comme on sait, sous le patronage
du tsar.

En ce qui concerne les écoles américaines, elles
sont au nombre de 88 pour le Liban et le Vilayet
de Beyrouth seulement, avec une population sco·
laire de 5.000 élèves des deux sexes, sans compter
la grande Université de Beyrouth ayant à elle seule
874 élèves.

Ajoutons, au point de vue de la supériorité de
l'enseignement français, que dans plusieurs grandes
écoles syriennes (maronites, grecques, catholiques
et autres), l'enseignement est donné en français en
tout ce qui concerne les sciences modernes, ce qui
augmente d'autant l'influence française en Syrie.

Les parents de ces 50.000 élèves ont été eux-mêmes
instruits par nous, ainsi que leurs grands-parents.
Tous forment une clientèle d'une grande importance.
La Chambre vient bien de voter un complément de
crédit de 50.000 francs pour nos écoles d'Orient. Ce
geste est beau, par notre temps de déficit; il n'est
plus suffisant si nous voulons conserver la supré·

matle de notre langue dans ce pays. Le voulons-
nous, d'ailleurs ?

D'aucuns ne comprendront pas cette question. Il
est évident qu'en plus de notre influence intellectuelle et à cause d'elle nous avons des intérêts économiques considérables en dehors de voies ferrées
et des ports. Les Syriens ont tendance naturelle à
être nos clients pour nos produits, justement parce
qu'ils parlent notre langue. L'un est la conséquence
de l'autre. Nous devrions donc avoir un but constant, de rallier à nous de plus en plus ces populations, car nos commerçants, nos industriels en pro-
fitent, et par conséquent la France entière. Enfin,
nous avons en bordure de la Méditerranée orientale
une terre déjà semi-française, ce qui est utile au
moment où les intrigues de la Triplice tendent à
nous confiner dans notre petit coin, entre l'Italie,
l'Algérie et l'Espagne.

C'est justement cette situation privilégiée en
Orient que nous sommes en train de perdre bénévo-
lement et sciemment, en ne venant pas au secours
de nos protégés et en abandonnant le pays aux Allemands et aux Anglais.

En dehors de communications qui ont pu lui être
faites par ses agents diplomatiques et consulaires,
le ministro des Affaires étrangères a reçu, depuis
octobre 1912 jusqu'à aujourd'hui, des avis sincères
et réitérés à ce sujet. Il ne peut donc arguer de
son ignorance.

Les termes employés par M. Gaston Doumergue
dans son exposé à la Commission des Affaires extérieures de la Chambre sont inexacts et ne donnent
satisfaction à personne :

« Je ne manquerai pas, me conformant aux tra-
« ditions séculaires de la France, de rechercher et
« de faciliter les mesures qui, sans porter atteinte à
« l'indépendance ou à l'intégrité de l'empire otto-
« man, seront de nature à favoriser le bien-être des
« populations syriennes, sans acception de reli-
« gion. »

L'intégrité de l'empire ottoman ? N'insistons pas,
après les accords entre Anglais, Allemands et Français où chacun s'est soucié autant du Turc que s'il
n'existait pas.

Bien-être des populations syriennes ? On a vu que
notre gouvernement n'a envisagé que les intérêts
financiers de certains.

On sait que l'Angleterre s'est déjà taillé sa part de l'Egypte à Koweït. L'Allemagne a, en partie, la sienne. Nous, nous pouvions prétendre à la région comprise entre Adana et la frontière égyptienne. Cette part gêne nos deux futurs voisins. Au nord, l'Allemagne convoite toute la région d'Adana et les plaines au nord d'Alep, c'est-à-dire une contrée très fertile que continue la Mésopotamie devenue allemande. De son côté, la Grande-Bretagne a besoin de plus de côtes pour choisir la tête de ligne de son chemin de fer de Koweït.

Les négociations franco-allemandes au sujet des réseaux d'Anatolie et de Syrie ont donc servi de prétexte à des tractations particulières.

Tout d'abord, disons un mot des lignes d'Anatolie. La lettre suivante de Djavid bey à Talaat bey, ministre de l'Intérieur, en date du 10 août 1913, est à encadrer :

« Mon cher Talaat,

« Pichon, comme Paléologue, m'ont chaudement recommandé d'entrer en pourparlers avec l'ambassadeur de Russie pour la question des chemins de fer.

« Vous savez que M. Iswolsky est l'âme du parti slave dont le gouvernement russe même a peur, et qu'il est très influent. Nul doute qu'il ne fasse tout son possible afin de se tailler un beau succès dans la politique des chemins de fer. Il allait prendre des vacances mais il a changé d'idée. Je crois qu'il restera à Paris jusqu'à la fin de ce mois. Comme c'est un homme très intelligent, il comprendra que si la Russie prend des mesures contre nous pendant les négociations, celles-ci n'aboutiront pas.

« La diplomatie russe est bien drôle. Le gouvernement, les ambassadeurs et l'empereur ont chacun leur façon de penser. N'attachez pas une grande importance aux menaces de Giers (ambassadeur de Russie à Constantinople).

« *La ligne Pékiridj-Erzéroum, ligne de la frontière russe, ne peut être construite avant dix ans.*

« Celle de Diarbékir-Van peut être construite dans cinq ans, et pendant ce temps-là les Allemands peuvent venir jusqu'à Diarbékir. Et dans ce cas on serait forcé de donner la ligne Pékiridj-Erzéroum aux Allemands. Nous pouvons donc prendre engagement pour cette ligne avec les Russes.

« Mahmoud Chevket voulait donner cela pour rien. C'est moi qui l'en ai empêché. »

Tout ce qu'on nous a donné est pareil.

Quant à la Syrie !

Le général Chérif pacha, dans sa revue *Méche-routiette*, donnait aussi des indications précieuses sur le mouvement arabe et les tractations des puissances :

Le Comité Union et Progrès, dont le principe est : diviser pour régner, a depuis quelque temps déployé tous ses efforts pour semer la discorde entre les émirs, mais ceux-ci n'ont pas tardé à s'apercevoir des intrigues de l'ennemi de l'Islam, qui est le Comité occulte. Dans des guerres fratricides, le Comité a toujours trouvé ses profits, mais les émirs, plus conscients de leur devoir patriotique et de leur sentiment religieux, ont décidé de se réunir en congrès à Haïl, capitale du Nedjed, dans le but d'établir une parfaite entente entre les différents pays arabes, et élaborer un projet de réformes qu'ils soumettront à la Sublime Porte. Dans le cas où les dirigeants actuels n'accepteraient pas leurs légitimes demandes, ils sont décidés à se préparer à une action contre le pouvoir central. Ce rapprochement entre les chefs arabes aurait été salutaire dans d'autres circonstances pour l'établissement de la bonne entente entre les différents pays arabes qui se sont toujours battus entre eux par les intrigues des fonctionnaires turcs; mais dans le cas présent, il n'est pas sans danger pour la dislocation de l'Empire. Pendant qu'on discute encore les simples réformes arméniennes, voilà qu'une question beaucoup plus grave surgit, surprenant peut-être le Comité Union et Progrès qui croyait l'avoir étouffée par les promesses qu'il avait faites à quelques notables arabes avides de fonctions et de grades, mais elle ne nous étonne point, car si nos lecteurs s'en souviennent, nous avons prédit l'éclosion imminente de la grave question arabe. La question kurde suivra de très près celle-ci et nous nous demandons comment cette bande de fous et d'incapables aplaniront toutes ces difficultés intérieures. Le partage de l'Empire est actuellement mis sur le tapis dans les chancelleries des grandes puissances pendant que la dislocation de l'Empire est en train de se traiter au Nedjed. Nous restons spectateurs profondément attristés devant l'éventualité de notre catastrophe finale, et nos cœurs saignent abondamment.

Sur ces entrefaites, survinrent des incidents d'une extrême gravité.

Par nos services secrets, spéciaux, nous apprîmes (2 mars 1014) que la négociation de la France avec la Turquie, procurant à notre pays quelques avantages financiers en Asie-Mineure, avait été suivie d'une entente précise avec l'Allemagne. Cette entente devait être ratifiée dans la huitaine.

Nous nous rendîmes aussitôt chez le général Chérif pacha, ancien ambassadeur, qui, nous voyant si bien renseigné, nous confirma avoir connaissance de certaines choses graves et en avoir même des précisions. Il s'engagea à tout dire aux personnes que nous lui amènerions.

Aussitôt après cette visite, nous allâmes au Palais-Bourbon pour voir MM. Barthou et Briand. Cette démarche fut inutile et, au domicile de M. Barthou, nous ne rencontrâmes personne. Il nous fut répondu quelque temps après que M. Barthou, empêché, allait s'absenter de Paris. Nous avions pensé que si ces deux parlementaires avaient porté d'urgence la question à la tribune, c'était le renversement immédiat du ministère, suivi de la non ratification des accords et la rentrée au pouvoir de M. Barthou pour présider aux nouvelles élections si importantes, à cette date, pour la France.

Au Parlement, nous pûmes joindre M. Jules Delahaye, alors député. Il vint avec nous chez le général Chérif pacha et fut convaincu. Il promit d'agir. Que fit-il ?

En attendant, comme le temps pressait, sachant que si l'affaire était ébruitée, elle ne pourrait être conclue, nous envoyâmes de suite une lettre au Caire par la Malle des Indes, donc par la poste anglaise. Le courrier ayant passé la frontière, nous télégraphiames en clair au journal l'*Egypte*. Le lendemain, nous fûmes avisé que notre dépêche avait été arrêtée par la censure (en pleine paix); mais l'effet était produit. Le contrat ne fut jamais signé.

Quels étaient donc ces accords ?

La revue *Le Marché* les publia en entier, le 8 mars, dans un numéro spécial, puis le 22 mars 1914 :

Dans l'article de l'*Œuvre*, dont nous reproduisons d'autre part les passages essentiels, M. Gustave Téry dit qu'après une lecture attentive du *Livre Jaune* on retrouve « l'indication atténuée, mais nette, des propositions que Caillaux a faites directement et spontanément au Kaiser par l'entremise de M. Lancken, qu'il s'agisse du droit de préemption de la France sur le Congo belge, de l'offre d'une île française de l'Océanie, de la cession du Moyen Congo, *ou de vastes conceptions d'entente financière en Orient, qui réservaient aux Allemands des avantages inespérés...* »

Est-ce à l'une de ces « vastes conceptions » qu'appartient l'étrange combinaison révélée par notre collaborateur, M. Eugène Jung, dans une partie non publiée de son article : *Notre Renonciation en Asie Mineure*, paru au *Marché* du 8 mars.

Nous avions cru devoir supprimer alors, pour des raisons de haute convenance, toute la fin de cet article. Le *Cri de Paris* ayant fait allusion à ces tractations effarantes, nous n'avons plus aucune raison de nous taire.

«Reste la Syrie, écrivait notre collaborateur. Des accords précis ont été échangés, mis sur papier et seront signés en même temps que les autres points, mais ils resteront secrets (1).

Par cet acte, la France abandonne tous ses droits séculaires en Syrie et Palestine, laisse le champ libre à l'Allemagne et consent à un moment donné au rachat de toutes ses concessions dans le pays. En échange, l'Allemagne abandonne à la France la ville de Metz, ses forts et sa banlieue.

---

(1) Appendice, pièce n° 11 : L'Allemagne en Orient.

Cet acte serait exécutoire dès que le partage de l'empire turc sera définitif. Ce partage a déjà commencé, d'accord, d'ailleurs, avec les Jeunes Turcs ; le fait, de la part d'Enver bey, d'avoir décapité l'armée turque en licenciant plusieurs centaines d'officiers, montre clairement que la partie est bien liée entre Berlin et Constantinople. C'est une affaire de mois, peut-être de deux ans au grand maximum.

L'Angleterre et l'Allemagne resteront face à face en Asie-Mineure et, à ce moment, Londres regrettera amèrement de n'avoir pas soutenu les vendications des Arabes et de ne pas avoir aidé ceux-ci à redevenir un grand peuple avec l'appui de la France.

L'accord franco-allemand doit contenir d'autres clauses, entre autres l'introduction à la Bourse de Paris des valeurs allemandes.

Parle-t-il du Maroc et de certains autres détails intéressants ? Nous n'avons pu le savoir.

M. Caillaux escompte un prodigieux succès en France. Notre chauvinisme, exalté par le retour de Metz à notre patrie, ferait, pense-t-il, passer sur toutes autres considérations, et permettrait à son avis de proposer la réduction du service de trois ans et l'arrivée des valeurs allemandes. M. Caillaux ferait également ressortir que la Syrie est pour nous trop éloignée, que nous n'y aurons que des ennemis autour de nous (même l'Angleterre ?) et que nous n'avons pas intérêt à éparpiller nos forces ; nous devons garder celles-ci pour notre magnifique domaine d'Afrique.

Mais ce que M. Caillaux n'aurait pas dit c'est que « la Russie aurait naturellement été prévenue immédiatement, avec preuves à l'appui, par nos bons voisins. Comme l'accord secret n'était réalisable que dans un certain temps, et comme la divulgation de cet acte devait rompre l'alliance franco-russe, nous serions restés seuls, abandonnés, en face de l'Allemagne. Nous aurions été les dindons de la farce. C'est ce que n'ont pas envisagé nos politiciens amis de la Prusse et ennemis de la Russie. »

Notre collaborateur avait appris que ces accords monstrueux devaient être signés le 10 mars. Prévenus dès le 5, nous donnâmes l'éveil. Nous aimons à croire qu'on y renonça depuis, et nous fondons cette opinion sur le discours prononcé par M. Doumergue, au cours de la discussion du budget des affaires étrangères.

Une conclusion, en tout état de cause, s'impose :
ou M. Caillaux, homme d'Etat véritable, avait prévu
toutes les conséquences de ces accords, et alors c'était
une véritable trahison qui allait se commettre, ou
il n'avait pas compris, et il ne reste qu'un mégu-
lomane dangereux bon à mettre aux Petites Maisons... A moins que cela ne fût l'œuvre d'amis com-
promettants : ce qui lui permettrait de tout ignorer ?

Le 13 mars, l'*Egypte* insérait la note ci-contre :

Notre correspondant parisien, ainsi qu'on le verra
dans la lettre ci-dessous, fait allusion à une dépêche
qu'il nous a expédiée et que nous n'avons pas reçue.

Nous ignorons donc le texte de cette dépêche, mais
nous pouvons présumer, étant donné ce qui ressort
des appréciations de M. Jung, qu'elle devait être
quelque peu gênante pour le Cabinet français actuel
puisqu'il l'a supprimée.

Le gouvernement de M. Caillaux aurait-il aussi
son Cabinet noir ?

Paris, le 6 mars 1914. — Je vous confirme le télé-
gramme adressé ce jour et vous annonçant qu'à la
suite de l'accord franco-allemand relatif aux chemins de fer d'Asie-Mineure, des conventions secrètes
ont été préparées par M. Caillaux et ses collègues.

Dans peu de jours, et avant même que cette correspondance ne vous arrive, il y aura sans doute eu
une question posée à la tribune de la Chambre.

Le malheur pour notre pays est d'avoir à notre
tête des financiers qui poursuivent un but financier
avec toute la banque internationale.

On en a une preuve évidente en ce qui concerne
l'emprunt turc de 700 millions.

Il a suffi que Djavid bey, devenu soudain radical-
socialiste pendant son séjour, ait offert au parti de
M. Caillaux la somme de trois millions pour ses élections, pour que cet emprunt dangereux soit accepté.
Il est vrai d'ajouter qu'il complaît à l'Allemagne. Or,
que ne feraient pas pour celle-ci les partisans d'une
entente franco-allemande, à l'affût des belles opérations escomptées sur le marché de Paris !

Le journal *L'Egypte* donnait, le 14 mars, *in-
extenso*, le compte rendu publié par la revue *Le
Marché*.

Le 20 mars, il insérait cette correspondance qui
contenait des détails complémentaires :

Paris, le 13 mars 1914. — Deux faits saillants ont été remarqués cette semaine : la discussion du budget des Affaires Etrangères en France et l'attaque violente de la presse allemande contre la Russie.

Les orateurs divers, MM. François Deloncle, Denys Cochin, Georges Leygues, qui ont pris part au débat de notre budget extérieur ont surtout parlé de l'Orient, de nos intérêts en Syrie, de la nécessité d'augmenter la diffusion de notre langue, d'aider les missionnaires à se recruter facilement, de l'obligation où nous sommes de causer de nouveau avec le papa, justement à cause de l'Asie-Mineure et d'augmenter le nombre de nos consulats. De son côté, M. Gaston Doumergue a lu un rapport général prônant nos alliances et amitiés, et déférant aux désirs exprimés par ses interlocuteurs. C'est très bien et nous n'attendions pas moins de notre Ministre. La Chambre était, d'ailleurs, unanime, dans ses opinions fort libérales en ce qui concerne l'Orient. Il semble, en cette fin de législature, que le précepte de Gambetta sur l'anticléricalisme est adopté par tous ; cela ne doit pas dépasser nos frontières.

Une chose m'a attristé, cependant, en lisant ces discours. Si tous ont insisté sur les points que j'ai énumérés, personne n'a parlé des aspirations des populations Syriennes dont nous avons l'air de vouloir rechercher ou retenir la sympathie ; aucun député n'a prié le gouvernement d'intervenir auprès de la Porte à ce sujet ; et ce n'eût pas été de l'indiscrétion puisque nous avons appuyé la Russie dans ses revendications en faveur des Arméniens. Drôle de façon de conserver l'amitié des gens.

Les Arabes paraissent avoir compris qu'il n'y avait plus à compter sur la France et sur les platoniques protestations d'intérêt de ses représentants. A mon avis ils ont cent fois raison : mieux vaut faire ses affaires soi-même, on est mieux servi.

La dépêche suivante que publie *La Dépêche de Toulouse*, vient à l'appui de mes idées :

« Saint-Pétersbourg, 7 mars. — D'après les nouvelles qui parviennent à Saint-Pétersbourg, les chefs arabes se sont adressés à la Porte pour demander l'introduction de réformes en Arabie. A plusieurs reprises déjà, de semblables demandes avaient été formulées, mais le gouvernement ottoman donnait satisfaction aux mécontents en s'attachant les cheikhs par des libéralités et des honneurs. Les délégués arabes étaient nommés membres du Sénat. On leur fournissait de l'argent et il n'était plus question de réformes pendant un certain temps.

« Aujourd'hui, semble-t-il, cet ancien procédé n'aurait plus de grandes chances de réussir. Le mouvement en faveur des réformes rencontre le plein appui de l'Angleterre qui, considérant ces régions comme étant sous l'autorité du Khédive, s'intéresse maintenant au sort de ces populations. »

La seconde question intéressante est, avons-nous dit plus haut, la querelle violente provoquée contre la Russie. Avec un ensemble touchant, la presse allemande a foncé contre l'ennemi de l'Est. Tout d'abord on a cru que c'était pour amener Saint-Pétersbourg à accorder des conventions plus douces lors du renouvellement du traité de commerce. Cette raison n'a pas semblé la bonne ; mais quelle est elle ?

Le *Times* et les principaux journaux français l'ont recherchée sans la trouver, et toutes les suppositions se sont donné libre cours. Je crois que le correspondant de l'*Echo deParis* à Berlin a bien deviné le but cherché :

« Le but final, c'est toujours de briser la Triple Entente ; on essaie tour à tour d'un côté, puis de l'autre, en se servant très probablement auprès de l'un des interlocuteurs des avances que l'autre s'est laissé faire.

« L'article de la *Gazette de Cologne* serait donc dans cette hypothèse le début d'une campagne d'intimidation, ayant pour but de briser et de relâcher les liens de la Triple Entente. »

Mais comment et par quelles avances ? Ce que nous avons appris il y a huit jours est confirmé par cette campagne de presse. Les radicaux-socialistes sont opposés à toute guerre ; ils n'ont qu'une sympathie très mitigée pour la Russie et certains d'entre eux ne cachent pas leurs tendances vers une amitié allemande. En attaquant la Russie, en semblant désirer une guerre préventive immédiate, les Allemands ont voulu intimider notre gouvernement, en lui faisant craindre la guerre l'amener à souscrire sans plus tergiverser à certaines transactions d'une réalisation plus ou moins lointaine, mais d'un effet immédiat vis-à-vis de la Russie. Celle-ci, avertie tout naturellement, nous aurait quittés et nous nous serions trouvé seuls contre la Prusse qui en aurait profité de suite.

Lisez ces passages curieux d'un article de Gustave Hervé, en date du 11 mars :

« Que les Russes et les Allemands se battent donc,
si ça leur chante !

« Mais nous, Français, qu'est-ce que nous faisons
dans ce conflit qui ne nous intéresse pas directement,
nous qui avons des choses plus utiles à faire chez
nous, que de nous lancer dans ce sanglant gra-
buge.

« Le gros du pays, certes, est nettement opposé à
toute guerre de revanche contre l'Allemagne : mais,
comme les événements de 70 l'ont mortifié dans son
amour-propre et lui ont laissé dans les moelles une
peur bleue d'une nouvelle mutilation, il est pour l'alliance russe, qui lui semble une sauvegarde contre
un recommencement de ses épreuves d'il y a 43 ans,
et cette prétendue sauvegarde, par des voies détour-
nées, le ramène à la guerre de revanche, sans qu'il
s'en aperçoive.

« Nous sommes pris dans l'engrenage de l'alliance
russe, bien pris.

« Une seule chose pourrait nous éviter la catastrophe à nous, Français : une réconciliation franco-
allemande, qui nous permettrait de nous dégager
des liens de l'alliance russe, et de rester neutres à
l'heure du grand conflit germano-slave.

Ce serait tromper le peuple allemand et son gou.
vernement que de leur laisser espérer que cette
réconciliation pourra se faire *sans une concession
de leur part du côté de l'Alsace-Lorraine.* »

Il semble que la connaissance par quelques parlementaires de certaines tractations occultes (dans le
genre de celles qui ont eu lieu au moment de l'affaire
d'Agadir et en dehors du ministre des Affaires
Étrangères) ait modifié les velléités des amis de
l'Allemagne. Il y a un recul certain.

Le coup est manqué, pour cette fois, mais il était
temps. La réponse très raide faite officieusement par
la Russie à la presse allemande a amené une accal-
mie. Devant le « *je suis prêt* » russe et devant l'im-
possibilité de soustraire la France à l'alliance, la
campagne va cesser — à moins que, prise de folie
subite, la Prusse ne parte en guerre, afin de s'éviter un plus grand péril dans l'avenir.

Espérons que, la sagesse aidant, Guillaume II
saura résister à l'entraînement de son fils aîné.
Puis, il y a l'Autriche, non pas l'Autriche militaire
et agressive qui nous a mis pendant plus d'un an à
deux doigts d'une conflagration générale, mais le
vieil empereur dont l'attitude a été louée du haut

de la tribune de la Chambre française. Ces louanges étaient justes : mais si elles ont pour but d'amener un emprunt autrichien, elles sont condamnables, car notre argent donné à la monarchie dualiste, c'est réellement le donner à la Prusse. Cela, il ne le faut pas,

Pendant que la France poursuivait cette politique décevante en Orient, l'Angleterre ne perdait pas de vue ses intérêts. Son consul à El-Bahiern avait une entrevue à El-Agner avec l'émir Abdel Aziz Ibn Es Séoud, chef des Wahabites, souverain du Nedjed. L'accord fut complet sur toutes les questions politiques et commerciales se référant au golfe Persique. L'émir s'engagea, par une convention d'une durée de 90 ans, à protéger les intérêts et les vies des sujets britanniques établis ou de passage dans le Nedjed, et se désista de tous ses droits sur Mascate.

De son côté, Ibn Es Séoud n'avait que des avantages à retirer de cette entente, entre autres pour l'importation des armes et munitions et la liberté de mouvements indispensable à l'action qu'il allait entreprendre contre les Turcs en Mésopotamie et en Syrie, afin de libérer le peuple arabe de toutes ses servitudes.

Prudents et prévoyants, les Anglais avaient pris position, étant donnés les événements sensationnels qui devaient se produire en Orient aussitôt l'été terminé.

VI

D'Août 1914 à la Révolte Arabe (Juin 1916)

Le 4 août 1914 la guerre mondiale commença. La Turquie, pas encore prête, resta momentanément neutre. Toutefois, dès le 7 août, l'état de siège était proclamé à Beyrouth et dans tous les vilayets de Syrie, et la mobilisation générale fut ordonnée. Tous les hommes, de 25 à 45 ans, furent appelés sous les drapeaux, sauf les chrétiens qui ne furent pris que de 20 à 30 ans. Les chevaux et les mulets furent réquisitionnés.

On connaît la suite des événements, la fuite des navires allemands vers les Dardanelles, leur transformation en soi-disant bateaux turcs, etc...

On savait en France et en Angleterre quelle serait l'attitude future de la Porte et peut-être aurait-on pu profiter de la lente mobilisation de l'armée ottomane pour agir en Orient ; mais on ne voulait pas, dans les cercles dirigeants de l'Entente, subir de reproche et être accusé d'avoir provoqué une nouvelle déclaration de guerre. Celle-ci pouvait amener l'intervention de la Bulgarie et de la Grèce et nuire ainsi à la défense déjà fort difficile de la Serbie. Ce scrupule, fort honorable, ne peut se discuter ; on doit simplement l'enregistrer.

Malgré les réponses verbales en ce sens qui nous furent faites par le représentant du Ministre à Paris, nous mîmes toute notre organisation orientale à la disposition de la France. Il nous semblait nécessaire de contrebalancer d'urgence les menées adverses par des moyens à déterminer d'un commun accord (27 octobre 1914).

Peu de jours après, le 7 novembre, la Porte se rangeait officiellement aux côtés de l'Allemagne. Aussitôt, nous nous adressâmes au Président de la République, à Bordeaux :

Très respectueusement j'ai l'honneur d'offrir au gouvernement mes services pour l'Asie-Mineure.

J'ai déjà écrit à M. Delcassé ; mais vous voudrez bien m'excuser si je prends la liberté de vous faire part de mes idées. La question est, en effet, complexe et délicate.

En dehors des événements militaires auxquels nous n'avons pas à nous mêler directement, mes amis peuvent aider beaucoup les forces alliées, grâce à leurs comités secrets, et détacher de la Turquie les grandes tribus du désert.

De plus, mes amis ont le concours assuré de quantité d'officiers arabes de l'armée turque et savent qu'ils peuvent compter sur les troupes arabes. Pour déterminer leur ralliement à notre cause il suffit de deux faits :

D'abord de proclamer *urbi et orbi* l'indépendance arabe en Syrie, Palestine, Mésopotamie, Hedjaz, Assyr, Yémen (et aussi celle de l'Arménie) sous le contrôle obligé des Alliés, car ces pays ont besoin de se refaire une éducation politique ; en second lieu, il est nécessaire de faire nommer un khalife arabe à La Mecque, avec un territoire particulier comme le Hedjaz. Mes amis pourront donner le nom de celui qui serait accepté par tous les Musulmans. Vous savez que le khalife turc n'était que supporté par les Arabes.

Enfin, afin d'éviter que certaines puissances comme l'Italie ne cherchent un appoint territorial en pays arabe, cette déclaration d'indépendance est indispensable et urgente ; mais on pourra de suite réserver un territoire économique, une sphère d'action pour l'Italie.

Quant à nous, nous aurons à travailler auprès des troupes arabes et des tribus ; mais je crois que la présence auprès de mes amis arabes d'un homme plus actif, vous représentant, serait nécessaire comme stimulant, et c'est cette place délicate que je sollicite du Gouvernement...

Le 10 novembre le Président nous répondait :

Présidence
de la
République

Bordeaux, le 10 novembre 1914.

Monsieur,

En réponse à votre lettre du 7 de ce mois, M. le Président de la République me charge de vous faire connaître que votre proposition a été communiquée à M. le Ministre des Affaires Etrangères à qui il appartient d'y donner la suite qu'elle peut comporter

Veuillez agréer...

Le Secrétaire Général civil,
de la Présidence de la République,
Félix Decori.

Le 21 novembre nous arrivait cette lettre autographe de M. Delcassé :

Affaires Etrangères

Cabinet
du
Ministre

Bordeaux, le 21 novembre 1914.

Monsieur

J'ai reçu votre lettre du 16 novembre. J'estime que, dans les circonstances présentes, il n'est pas possible de donner suite aux intentions dont vous m'aviez entretenu.

Delcassé.

Tout le monde se figurait que la guerre serait vite terminée, surtout en Orient. Constantinople occupée, on n'aurait plus qu'à se partager les dépouilles opimes du vaincu. Il était donc maladroit de contracter des engagements inutiles. On sait ce que nous coûta cette grave erreur et ce furieux appétit.

Si nos propositions avaient été acceptées, les troupes arabes de l'armée turque — encore en Syrie et Mésopotamie — venaient à nous, les grandes tribus de Mésopotamie et de l'Arabie

Centrale suivaient le mouvement et la Turquie eût été obligée de céder. Les conséquences eussent été condidérables : les Détroits fussent restés libres, la Russie eût pu être ravitaillée en canons et en munitions, les Alliés en blé, en pétrole et en minerais ; la Bulgarie fût demeurée en dehors de la lutte ; la guerre eût été écourtée et la Russie n'eût pas connu le bolchevisme.

Il en eût été de même si, peu de mois après, en proclamant l'Indépendance Arabe, on eût écouté le général Damade et porté la guerre en Asie-Mineure. Tous les Arabes nous appelaient à grands cris. On préféra perdre des milliers d'hommes, en pure perte, aux Dardanelles. L'histoire jugera.

L'expérience méritait d'être tentée. Notre gouvernement aurait pu également avoir sur place quelqu'un de bien introduit dans ces milieux arabes et leur inspirant toute confiance. Les Anglais le comprirent. Le fameux colonel Lawrence ne fut pas un agent officiel ; il était soi-disant seul et pouvait être désavoué ; mais le Foreign Office avait bourré ses poches de banknotes renouvelées après épuisement. Sa présence et son influence ne furent pas contrebalancées par nous.

Le 29 novembre 1914 Negib Azoury nous écrivait du Caire :

J'ai reçu votre lettre et j'approuve votre démarche auprès de M. Delcassé.

De mon côté j'ai fait une démarche auprès du général Maxwell, commandant les forces britanniques en Egypte. Il a pris bonne note et, dès qu'il aura décidé d'adopter une attitude offensive en Syrie, il m'appellera.

Pour le moment, les Anglais attendent de pied ferme les Turcs dans la presqu'île du Sinaï. Ils ne veulent pas laisser le conflit se développer trop ; mais, comme il est probable que les évènements le développeront d'eux-mêmes, on se servira de notre concours. Le général Maxwell est chargé de la défense de l'Egypte ; il est muni de pouvoirs discrétionnaires ; il est seul juge de ses actes. Nous sommes ici en état de siège sous son autorité.

Donc, aussitôt que notre entrée en scène aura été décidée par lui, je vous télégraphierai de venir.

Tachez de voir Chérif pacha et laissez lui comprendre que son concours et celui de son ami Sabaheddine me seront nécessaires et voyez si nous pouvons compter sur lui. Il est vrai qu'il est mon meilleur ami ; mais je ne sais pas s'il serait déterminé à débarquer avec moi en Syrie pour combattre les Turcs.

Le général Chérif pacha que nous allâmes voir aussitôt nous répondit ceci :

— Je suis général dans l'armée ottomane et je ne veux pas être accusé de porter les armes contre les troupes turques, en prenant le commandement de soldats arabes. Mais, je suis Kurde d'origine et vous n'ignorez pas que les Kurdes ne veulent plus de la domination turque. Je ne serai pas répréhensible en participant à la libération de mon pays. Veuillez donc aller de ma part au Quai d'Orsay et dites-leur que je leur offre le concours de tous les Kurdes, c'est-à-dire de plusieurs centaines de mille hommes braves, armés, car vous savez que mes compatriotes sont tous soldats. Mes parents sont leurs principaux chefs et des plus influents. Si on accepte nos propositions je me rendrai à Bassorah et à Bagdad où viendront m'attendre 25.000 cavaliers. Le reste viendra se grouper autour de moi. Vous direz au Ministère que nous nous sommes entendus avec les Arméniens afin d'éviter tous conflits futurs. Les Arméniens évacueront les régions du Kurdistan où ils résident et les nôtres en feront autant en Arménie. Vous ajouterez que nous ne voulons pas être sous la domination russe ; nous accepterons qu'un prince indien de même secte religieuse soit mis à notre tête ; mais, sous la garantie formelle des Alliés, notre autonomie, notre langue, notre relig'on, nos coutumes devront être assurés ; plus tard nous ouvrirons des écoles.

Déjà, en avril 1914, dans le *Mécheroutiette*, le général avait publié un article sur *Le Soulèvement des Kurdes et ses Causes* (1), qui permettait de comprendre la proposition actuelle.

Nous nous rendîmes au Quai d'Orsay le 12 décembre 1914. Bien que ce fût une affaire d'Etat, d'une importance exceptionnelle, qui aurait dû être examinée et traitée sur le champ par le Conseil des Ministres, les méthodes que nous avons critiquées déjà nous furent imposées. Nous fûmes renvoyés à M. Gout, directeur des Affaires d'Asie, qui put nous recevoir le 28 décembre et nous pria d'inviter le général à venir le voir.

Entre temps, profitant d'un avis discret, nous nous présentâmes à l'ambassade de Russie où la réception fut dédaigneuse et à l'ambassade d'Angleterre où M. Lorraine fut charmant, aimable. Et ce fut tout.

Nulle part on ne comprit ou on ne voulut comprendre. La Russie entendait ne pas être dépossédée de ce qu'elle considérait déjà comme son territoire ; l'Angleterre commettait l'erreur qu'elle allait renouveler un an après avec les Arabes de Mésopotamie ; quant à la France ! ?

Si on avait écouté le général, l'Arménie eût été sauvée, le Caucase épargné, la Perse non envahie et les Alliés auraient eu des auxiliaires intrépides et précieux.

Les Kurdes, désappointés, se retournèrent contre eux (1).

Les sollicitations arabes d'intervention n'émanaient pas seulement du Comité du Caire. Déjà,

-----

(1) Appendice, pièce n° 12.
(1) Appendice, pièce n° 13.

en 1912, en pleine guerre balkanique, de nombreux officiers arabes, en majorité originaires de Mésopotamie, voulaient fuir. Dès le début de la guerre mondiale un certain nombre gagnèrent l'Egypte. Tous furent bien accueillis par les Anglais. Plus tard, ils se rendirent au Nedjed et dans le plateau de l'Arabie Centrale.

Ces officiers, 40 % de l'effectif, formaient un corps d'élite ; parmi eux, citons Hadi pacha El Farouki, chef d'état-major à Constantinople, Riza pacha, à Bagdad, colonel Noury, etc. Dans un rapport remis par Naggiar au Quai d'Orsay, on peut lire ces lignes :

En somme, une situation nouvelle est en train de se créer en Orient, particulièrement dans la presqu'île d'Arabie. Si, avec le temps, les tribus s'organisent, dans vingt ans l'Europe se trouvera bientôt devant une force qui ne sera pas moindre de deux millions d'hommes, avec laquelle elle devra compter.

Il conviendra d'y ajouter toutes les grandes tribus arabes de Syrie, de Mésopotamie, de Transjordanie.

Il est indispensable également de dire un mot sur la jeunesse arabe (1). Les écoles de missionnaires s'efforçaient de faire de leurs élèves des écrivains, mais ne leur faisaient en général pas de cours sur l'histoire de leur pays. Les enfants qui suivaient les écoles américaines et autres sortaient du peuple. Ils apprirent l'amour de leur patrie, sa langue, et eurent vite la passion de la liberté. Les jeunes Mésopotamiens, instruits à Constantinople, furent en contact suivi avec les autres nationalités. Chez tous une idée nouvelle germa : pourquoi ne faisons-nous par une patrie arabe comme celle des Bulgares, des Serbes et des Grecs ? Leurs comités comprenaient aussi bien des catholiques que des musulmans.

---

(1) Appendice, pièce n° 14,

Cet état d'esprit explique bien des choses. Malheureusement, en France, personne ne se rendait compte de l'évolution de ces peuples, de cette race fière. On en était toujours à la Syrie de Chateaubriand, à l'expédition de 1860, à nos vieux souvenirs des Croisades ; on parlait constamment de nos droits sur ces régions, droits moraux, certes, mais non territoriaux.

Nous voulûmes, on le verra par la suite de cette histoire, faire connaître la vérité ; on ne nous écouta pas. Pour le plus grand bien de notre patrie nous désirâmes mettre en garde nos dirigeants contre des idées regrettables et des suggestions malsaines ; nous fûmes mal considéré.

Les Arabes de haute conscience, avec qui nous travaillions, aimaient la France, mais ils voulaient la liberté. Nous ne sommes pas certains que leurs sentiments à notre égard soient restés les mêmes. On ne saurait les en blâmer.

Dès décembre 1914 la presse s'occupait sérieusement de l'empire turc.

Le 20, on pouvait lire dans le *Journal des Débats* et dans *Le Temps* :

Le prestige de chef des Croyants, de vicaire du Prophète, restait le seul dont jouit le Sultan de Constantinople, aux yeux du monde musulman ; mais, d'un bout à l'autre de l'Islam, on sait aujourd'hui que Mahomet V, quoique homme excellent, est un simple jouet entre les mains du Comité Union et Progrès, Comité composé de francs-maçons et de deunmés ou crypto, juifs salomiens. Les Arabes, notamment, professent un profond mépris pour ces hommes-là ; ils sont tout disposés à transférer le khalifat à une autre famille. Or, aucune objection religieuse ne s'y oppose, car la famille du Khalife actuel ne descend aucunement du Prophète ; elle représente seulement le peuple conquérant. Rien n'empêcherait les chefs religieux, reconnus par l'Islam, de donner l'investiture, soit à un descendant du Prophète, le Chérif de la Mecque, par exemple, soit au sultan d'Egypte. Il sera curieux de suivre à ce sujet l'évolution des idées dans le monde arabe.

Le Temps. — Chef d'un Etat arabe, voisin du Sinaï, proche de la Mecque, foyer principal de la culture musulmane, le souverain d'Egypte est appelé désormais à jouer un rôle considérable dans le monde de l'Islam, qui ne pourrait être rien de moins que celui du successeur du khalife. Dans la catastrophe finale, où l'Allemagne précipite la Turquie, l'influence religieuse du sultan de Constantinople est appelée à sombrer avec son pouvoir politique. Mahomet-V, qui s'intitule le chef des croyants, par la proclamation de la guerre sainte au profit des Allemands et la réprobation qu'elle a soulevée parmi les fidèles, a donné la mesure de l'affaiblissement de son prestige. Le sultan du Caire est destiné à en hériter. C'est ainsi que se consommera définitivement la ruine d'un empire dont la proclamation du sultanat d'Egypte sonne le glas. Ce premier acte d'une réorganisation de la société des Etats donnera à penser, ailleurs encore, que sur les rives du Bosphore où, comme à Constantinople, on a cru à l'invincible supériorité de la force germanique.

La nomination du khédive ne pouvait être acceptée ; le khalife doit, en effet, être un souverain indépendant ; or, le khédive dépendait officiellement de l'Angleterre.

Le 30 décembre le *Matin* demandait la liquidation de la question d'Orient ; la France selon lui, devait reprendre la suite des Croisades (1).

Une lutte diplomatique ardente divisait les cabinets de Paris et de Londres. L'Angleterre visant la route des Indes par El-Arisch-Jérusalem-l'Irak, la Perse Méridionale, voulait occuper la Syrie et mettre à sa tête un prince musulman, Mohamed pacha Daoud, descendant direct de Mahemet Ali. Des agents secrets furent même arrêtés par les autorités turques. En réalité, la Grande Bretagne désirait faire de la Syrie une seconde Egypte. Le Quai d'Orsay résistait et parvenait à

---

(1) Appendice, pièce n° 15.

grand peine à se faire réserver le territoire au-dessus de Saint-Jean-d'Acre (1).

Des nationalités réclamant leur liberté on n'avait cure. On n'avait pas le temps de les écouter, et elles ne pouvaient faire entendre leurs voix. Puis, les Dardanelles allaient, croyait-on, tomber au pouvoir des Alliés, Constantinople également ; en peu de jours tout serait terminé avec les Turcs; il n'était que temps de régler le partage de ces magnifiques dépouilles.

Cependant, les Arabes ne consentaient pas à être des victimes dociles et consentantes. Ils n'acceptaient pas cette main-mise sur leur pays. A Paris, nous envoyâmes partout la note suivante, et tous les organismes officiels, parlementaires et autres la reçurent. Nous revenions, sans nous lasser, sur nos demandes antérieures.

21 janvier 1915

LA QUESTION D'ASIE-MINEURE

L'entrée en campagne de la Turquie contre la Triple-Entente et la proclamation de la guerre sainte ont de nouveau appelé l'attention sur ces pays d'Orient qui devaient être de toutes façons, sous peu, la raison de sanglants conflits.

Sans revenir sur les erreurs passées de notre diplomatie à propos des Jeunes Turcs, qui nous étaient notoirement hostiles dès les débuts, nous n'avons qu'à envisager la question, telle qu'elle se présente aujourd'hui à nous.

Deux solutions s'offrent aux puissances : démembrement de la Turquie, ou remaniement de cet empire sous un autre régime.

Nombreux sont les partisans du maintien de l'empire ottoman, avec des gouvernants sages et franco-philes-russophiles-anglophiles. Même en ce moment, certaines tentatives, appuyées en sous-mains par de hautes personnalités se préparent en Turquie pour

____

(1) Appendice, pièce n° 16.

amener la chute du parti Union et Progrès et appeler au pouvoir des hommes plus sérieux. Cette tentative, si souhaitée dans les milieux financiers et politiques, peut-elle réussir ? On peut en douter. Les Allemands, maîtres de Constantinople, y ayant plusieurs milliers d'hommes, maîtres de la flotte, n'hésiteront pas à tout détruire pour empêcher le succès et pour tuer les auteurs du coup d'Etat. Prévoyant l'orage, ils ont conseillé aux Jeunes Turcs et au Sultan de transférer d'avance à Brousse leurs trésors et leurs archives.

A notre avis, l'entreprise de remaniement est vouée à un échec certain et sanglant, quelle que soit notre sympathie pour les personnalités ottomanes qui seraient appelées au pouvoir. Ces personnalités ont dans leur programme l'autonomie administrative complète des pays Arabes, de l'Arménie et du Kurdistan qui seraient alors heureux de rester sous la bannière du sultan et de n'avoir avec l'empire que des communautés financières et militaires.

D'ici peu de jours on sera fixé sur ces résultats ; des tentatives ont échoué déjà.

.*.

Le remaniement ne pouvant se produire, qu'arrivera-t-il ? Le partage de l'empire ottoman ? Au profit de qui ? Et comment ?

La Turquie actuelle, en dehors de la Thrace, est aujourd'hui une puissance asiatique. L'Anatolie est turque ; l'Arménie veut son indépendance ; le Kurdistan réclame son autonomie ; les pays arabes (Syrie et Cilicie, Palestine, Mésopotamie) veulent redevenir un royaume indépendant.

Il semblerait logique qu'en ce moment où on lutte pour rendre à chaque pays les provinces qui doivent logiquement lui appartenir, et pour reconstituer les royaumes détruits, où l'on combat en faveur des nationalités opprimées, il semblerait logique, disons-nous, qu'il en fût de même pour l'Asie-Mineure. Il n'en est rien, cependant.

Chacun essaie déjà de se conserver une part du gâteau sans se soucier des peuples qui y habitent, sans s'apercevoir de la grave menace suspendue sur sa tête pour le lendemain même de la guerre, et pour l'avenir.

Sans vouloir d'aucune façon chercher à amener un malentendu entre les Alliés, il est toutefois utile de ne pas laisser se produire certains actes. Gouverner, c'est prévoir.

Or, suivant avec une implacable logique sa vieille méthode impérialiste et adoptant les projets anciens de Lord Curzon, Lord Cromer et tant d'autres, l'Angleterre, voyant que personne ne s'y oppose, est en train de mettre la main sur la Mésopotamie, puis, avec le Sultan d'Egypte ou un autre comparse, sur la Syrie et la Palestine, sans parler du Yémen, de l'Assyr, du Haza, de l'Hoffouf.

La Grande-Bretagne poursuit sa conquête et, ayant déjà des traités avec les sultans du Hadramaut, de Mascate, de Koweit, ayant des ententes avec l'Emir de Sanaa, celui du Nedjed, elle veut réunir l'Inde à l'Egypte à travers un pays protégé ou conquis.

Après, au lieu de l'Allemagne, le monde entier se trouvera en présence de l'Angleterre en Asie-Mineure. Or, tout le monde redoutait l'emprise sur ces contrées par une seule nation. Il n'y aura rien de changé, sauf le nom de cette nation.

Mais, après la guerre actuelle, acceptera-t-on cette conquête plus ou moins sournoise ? Quelles en seront les conséquences ?

Je sais bien que la France aura le Liban, l'Italie une partie de la Cilicie, pays difficiles à délimiter ; mais cela ne satisfera personne, ni la France, ni l'Italie, ni la Grèce, ni la Russie (à cause des Lieux Saints), ni les Etats-Unis où habitent des milliers de Syriens-Arabes. De plus, le statut de la Méditerranée Orientale sera gravement modifié, et les conditions économiques des pays d'Asie-Mineure ne correspondront plus aux désirs et aux réalités présentes des diverses puissances.

Le conflit, immédiatement après la guerre, est inévitable.

Comment parer au danger ?

La Grande-Bretagne sait aujourd'hui que son existence est en jeu et que, si elle prête un concours maritime précieux aux Alliés, elle reçoit plus encore grâce aux armées françaises et russes.

Si elle poursuit en Asie-Mineure la politique impérialiste signalée plus haut, c'est que personne ne paraît se soucier de ces pays et qu'elle prend ce qu'on lui laisse.

Même si, par hasard, aux débuts de la guerre actuelle, certaines promesses inconséquentes avaient été faites au gouvernement britannique pour la déterminer à intervenir, les conditions du présent conflit ont tellement tout changé que ces promesses, peuvent être annulées d'un commun accord et que l'Angleterre, voyant qu'on veille, souscrira très cordialement au nouvel état de choses.

Or, ce nouvel état de choses, tel que nous le comprenons, satisfait tout le monde : Arabes, Arméniens, Kurdes et toutes les puissances européennes et américaines.

C'est peut-être pourquoi on ne l'adoptera pas.

Nous demandons :

1° D'abord que le Khalifat, usurpé par les Turcs honnis par tous, soit transféré à un Arabe descendant du Prophète, à qui on donnerait la province du Hedjaz comme propriété temporelle. En peu de jours toutes les grandes confréries musulmanes du monde entier peuvent se mettre d'accord. Il n'est pas nécessaire d'insister sur la candidature, déjà mise en avant, du Sultan d'Egypte, vassal de l'Angleterre. Jamais les puissances européennes musulmanes n'accepteront que le chef religieux des Mahométans soit directement ou non sous la dépendance d'une nation quelconque.

2° La proclamation de l'Indépendance Arabe doit suivre cette désignation du Khalifat. Cilicie, Syrie, Palestine et Mésopotamie doivent faire un tout compact : leur division est impossible pour des raisons multiples, géographiques et ethniques, etc... ; à tout instant il y aurait des conflits à cause des tribus nomades, par exemple.

Le nouvel Etat Arabe serait placé, pendant sa minorité, sous le contrôle des Puissances Alliées auxquelles on adjoindrait l'Italie et la Grèce, et toutes seraient appelées à participer aux avantages économiques que comportera la mise en valeur de cette magnifique contrée.

Notons, en passant, que l'adoption de ces deux mesures dès le début de la guerre turque et après la proclamation de la guerre sainte, aurait, *ipso facto*, détaché de la Turquie toute l'armée arabe de l'armée turque ; les officiers arabes et les soldats arabes sont, en effet, presque tous affiliés au Comité National Arabe à la tête duquel se trouvent des amis de la France.

Ajoutons aussi qu'il ne faut pas confondre le parti national arabe avec le groupe très particulier qui a, en 1913, réuni à Paris un soi-disant congrès arabe.

Il n'y avait là que des gens de Beyrouth, des mécontents n'ayant pas reçu du Comité Union et Progrès les places, honneurs et argent longtemps sollicités, et qui ont profité de l'occasion pour rentrer en grâce à Constantinople.

3° L'indépendance ou l'autonomie de l'Arménie sous le contrôle des Puissances ou de la Russie seule.

4° L'autonomie du Kurdistan qui acceptera un prince indien, de même secte religieuse, à sa tête, à condition de conserver sa langue et ses coutumes — toujours sous le contrôle des Puissances précitées.

5° Le Yémen sera libre avec l'imam Mahmoud Yahia ; le Assyr, de même avec Seyd Idriss.

Le Hoffouf et le Hasa peuvent avoir un statut indépendant avec le contrôle politique de l'Angleterre, comme à Koweit, à Mascate et dans l'Hadramaut.

8° Quant à l'Anatolie, un statut spécial lui est nécessaire.

La création d'un empire arabe permettra de régler d'une façon satisfaisante pour la Russie la question des Lieux Saints. Elle mettra fin à des compétitions irritantes et dangereuses ; elle contentera tous les intéressés.

Si elle avait lieu dès aujourd'hui, elle mettrait un terme immédiat à la guerre turque, ou tout au moins la réduirait à rien.

Telle est, en résumé, la question actuelle d'Asie-Mineure, avec ses dangers et ses espérances.

Nous avons entendu dire, à nous-mêmes, que d'autres sujets plus graves appelaient l'attention des diplomates Nous pensons que c'est une grave erreur et qu'en tout cas il est possible à tout cerveau bien équilibré de mener tout de front. Si on laisse certaines situations s'établir, il sera délicat d'y changer quelque chose après. Il faut donc prévenir le danger qui deviendra grave aussitôt après la guerre.

Il ne faut pas oublier non plus les aspirations légitimes des peuples opprimés qui veulent vivre leur vie.

C'était inutile. Une visite que nous fîmes pour un tout autre motif à une grande société ayant de grands comptoirs en Asie-Mineure, nous permit d'apprendre que les financiers et les agents d'affaires qui gravitaient auparavant autour du Sultan, avaient reporté leur activité sur la Cilicie, le Liban et la Syrie. Sous divers prête-noms et avec le concours des consulats neutres ils préparaient leur action future.

Les compétitions se faisaient âpres autour du khalifat ; les Italiens proposaient Seïd Ydriss, de l'Assyr. L'imbroglio devenait complet. Quant à des décisions nettes, aucune n'était prise.

Les tentatives de révolte en Turquie pour renverser le Comité Union et Progrès et prendre le pouvoir avaient échoué. Le prince Sabaheddine, bien qu'il eût reçu de forts subsides des Grecs, ne put aboutir.

Negib Azoury, malgré tous nos déboires, ne perdait pas courage.

Continuez vos démarches auprès de M. Delcassé, nous écrivait-il le 8 mars ; je suis convaincu qu'il se ralliera à nos idées. Il est certain que l'avenir nous donnera raison et qu'on fera appel à nous pour donner à la question arabe une solution logique et propre à assurer au pays un développement normal et continu sous les auspices de la France et de l'Angleterre.

Les Alliés ne tenaient pas à faire appel à qui que ce fût en Orient, et pour cause. Ils entendaient être les vainqueurs directs et agir en souverains maîtres. Aussi, aucune aide ne fut donnée aux Maronites du Liban, ni aux Arméniens de Cilicie en pleine révolte et nous appelant à leur secours (1).

Le comte Cressaty, dans la *Revue Politique et Parlementaire* du 10 juin 1915, ne fut pas plus écouté, et cependant ce Syrien, devenu tout à fait Français, ne parlait que pour les intérêts exclusifs de la France.

Quelle part doit revenir à la France dans la liquidation de l'Empire Ottoman ? Quelle est la valeur du

______

(1) Appendice. — Pièce n° 17.

lot qu'elle est en droit d'exiger ? Quels sont ses titres à cette revendication ?, demandait-il.

Il ajoutait, au sujet de la Palestine :

Coment pourrait-on songer à distraire de la Syrie la Palestine qui en est une des parties intégrantes ? Comment pourrait-on admettre qu'on obligeât à ce peuple syrien la douloureuse épreuve d'un dépècement de son pays ? Ce peuple subirait l'amère déception de voir une partie de lui-même passer sous une domination étrangère !

D'ailleurs, le lot devant revenir à la France sera notablement inférieur à celui de la Russie et de l'Angleterre.

Le comte Cressaty, comme les quelques Syriens qui partageaient sa manière de voir, sont causes en partie de ce dépècement. S'ils avaient exigé, en vrais patriotes, l'indépendance de leur patrie, ils n'auraient pas provoqué ces appétits étrangers, ces attributions à l'un ou à l'autre de telle portion d'un pays. Chacun voulait sa part, la plus grosse possible, puisque le voisin en prenait une.

C'est à ce moment que nous reçûmes de Beyrouth, par la voie d'Egypte, la *Lettre d'un Arabe Syrien* (1) (15 juin 1915), qui eut un fort retentissement dans le monde diplomatique à qui elle fut communiquée.

Beyrouth, 15 juin 1915,

A Monsieur E. Jung, ancien rédacteur en chef de la revue *l'Indépendance Arabe*, correspondant politique du journal *l'Egypte*, du Caire.

Monsieur,

Elevé à Rouen, ayant fini mes études à l'Ecole des Hautes Etudes, je suis, bien que Syrien Arabe, un fervent ami de la France. Cela ne vous étonnera guère, car ici et dans toute la Syrie, la Cilicie, la Palestine et même la Mésopotamie, la France est

---

(1) Publiée dans la Revue du 1er août 1916.

vénérée. N'est-elle pas le défenseur avéré des malheureux et des faibles ? N'a-t-elle pas un renom justifié de justice ? Son drapeau ne signifie-t-il pas : Liberté ?

Combien de fois, devisant le soir avec des amis, autour d'une table où nous grignotions quelques sucreries — c'est l'usage — tout en fumant nos douces cigarettes, combien de fois ne nous sommes-nous pas exclamés :

— Ah ! si la France pouvait !

Mais nous savions qu'après les malheurs de 1870 notre France devait contenir ses désirs, reconstituer ses forces, se préparer aux revanches futures et nous attendions l'heure avec notre patience d'Orientaux.

L'heure a sonné. C'est la délivrance pour l'Alsace-Lorraine, pour tous les peuples opprimés d'Europe. Chacun va reprendre sa nationalité, rejoindre son pays dont il était séparé par des frontières injustes. Le soulagement va être européen.

Sera-t-il aussi asiatique, ce soulagement ?

Je ne voudrais pas, Monsieur le Rédacteur en Chef, que ma question parût être une offense à notre seconde patrie, à la France, à qui nous avons donné notre cœur et qui a contribué à orner notre esprit ; mais cette question, tout le monde ici se la pose..., tout bas, car les espions sont partout. Dans nos villes, dans nos campagnes, vides de bien des bras, car on a pris tout le monde pour la guerre, les vieux se demandent ce que cette attente veut dire.

Pourquoi l'Angleterre qui nous a toujours protégés avec ses Consuls et qui nous a ménagé des réceptions agréables en Egypte, pourquoi la France, si généreuse avec ses écoles nombreuses, ne sont-elles pas intervenues depuis longtemps en notre faveur, ou tout au moins depuis la déclaration de guerre de notre Sultan ? L'occasion était unique ; que ne l'a-t-on saisie ?

On nous dit que ce sera après la prise de Constantinople; or, les rares journaux qui nous sont parvenus nous ont plongés dans une stupeur profonde.

LES JOURNAUX ET LEURS OPINIONS

Permettez-moi de vous citer quelques extraits :

Le *Correspondant* déclare, par la voix d'un Français du Levant, que, « si elle n'acquiert pas la Syrie, la France qui, il n'y a pas encore longtemps, était toute puissante en Orient, n'y possédera plus rien, alors que les autres nations Russie, Angleterre, Italie, s'y établiront de plus en plus solidement. Elle n'y aura ni point d'attache pour ses vaisseaux, ni point d'appui pour son influence ou son commerce, ni entrepôt pour ses marchandises, pas même un dépôt de charbon ».

Dans la *Revue* j'extrais ces lignes de M. Jean Finot :

« L'Arabie a toutes les chances de devenir autonome. La Syrie devenant une province française et la Mésopotamie une province anglaise, une nouvelle ère de prospérité pourrait s'ouvrir pour les habitants mélangés de tous ces pays, dont l'avenir dépend avant tout de l'établissement d'un régime de liberté et de justice, sur une base d'égalité sociale et de tolérance religieuse absolue.

« La Palestine, jointe à l'Egypte, bénéficiera des avantages de la liberté que l'Angleterre offre à toutes ses Colonies.

« Les Chrétiens et les Juifs s'en réjouiront au même titre...

« L'ancien berceau de la civilisation humaine pourra redevenir riche et heureux. Les Musulmans qui s'y trouvent, ces prétendus maîtres qui n'étaient en réalité que des serviteurs toujours trompés et exploités, pourront jouir, à leur tour, des bienfaits de la justice et de la paix, sous l'égide des lois équitables et paternelles.

« Le libre passage du Bosphore et des Dardanelles une fois rétabli au profit de la Russie et de la navigation internationale, la Grèce ayant été récompensée du côté des îles et peut-être même du côté d'Andrinople et de la Thrace, si la Bulgarie persistait dans ses engagements criminels, il ne resterait à régler que le partage de la Turquie d'Asie proprement dite ».

Dans la *Libre Parole* du 27 décembre 1914, un renseigné proclame les soi-disant vérités suivantes :

« Voilà plus d'un mois que la Turquie est entrée en guerre avec la Triple Entente. Au lendemain même de la rupture, la Russie est entrée en campagne du côté du Caucase, entreprenant la conquête de l'Arménie. L'Angleterre n'a pas été moins prompte à se mettre en ligne. Sans parler des petites opérations d'Akaba et de Cheik-Saïd, elle a envoyé une expédition dans le golfe Persique. Or, sept jours après le début des hostilités, le drapeau britannique flottait à Bassorah. Tout le delta de Shatt El Arab est maintenant occupé. Tout doucement, nos Alliés sont en train de mettre la main sur le Shatt El Arab.

« Et la France ? direz-vous. Eh ! bien ! la France ne fait rien du tout. Je sais bien que nous sommes peut-être moins bien placés que nos alliés pour agir et surtout que nous avons ailleurs de plus gros soucis qu'eux. Est-ce à dire, cependant, que nos hommes d'Etat aient l'intention de se désintéresser totalement de la liquidation successorale de l'Homme malade ? Quelle qu'ait pu être, dans un passé trop récent, leur méconnaissance d'une tradition française, qui avait un parfum de cléricalisme trop accentué pour leurs narines maçonniques, nous aimons à penser que ces préjugés n'iront pas jusqu'à méconnaître la nécessité absolue de réserver à la France sa part dans le nouvel Orient. Cette nécessité, ne convient-il pas de l'affirmer dès maintenant par des actes ? Il y a des positions qu'on ne saurait prendre trop tôt.

« La part de la France ? mais elle est marquée par toute son histoire. Il y a, au rebord oriental de la Méditerranée, une terre où l'empreinte française a été marquée si puissamment au Moyen-Age, qu'elle ne s'est jamais effacée. C'est la Syrie, la Syrie des Croisades, la Syrie de Bonaparte, la Syrie de l'expédition de 1860, la Syrie des voies ferrées et des missions françaises. Je ne parle pas seulement du Liban dont les populations maronites sont unies à nous par les liens d'un véritable protectorat. Toutes les populations syriennes ont leurs regards tournés vers la France.

« Ce n'est pas aux lecteurs de ce journal qu'il est besoin de rappeler les admirables instruments d'influences entretenus avec un zèle que toutes les trahisons et les abandons n'ont pu lasser par nos missionnaires et nos religieuses : les Jésuites de Beyrouth, avec leur université, dont la puissance morale fait pâlir toute la puissance des dollars de la concurrence américaine ; les religieuses de Saint-Vincent de Paul et de Nazareth ; les Lazaristes, admirables pionniers d'une moisson qui n'attend plus que la récolte.

« Laisserons-nous stériliser ces efforts, auxquels vient de s'ajouter la palme du sacrifice. Car toutes ces missions sont aujourd'hui dispersées Impuissante sur les champs de bataille, la clique judéomaçonnique de Constantinople a su cueillir les faci-

les lauriers de la lutte contre les congrégations.
L'œuvre de plusieurs siècles est détruite si la France
ne s'avise pas d'en recueillir les germes féconds.
Nous ne pouvons croire qu'elle faillisse à ce devoir. »

                                   « Le Renseigné. »

Le *Matin* du 30 décembre 1914 assure que la Syrie
et la Palestine ont mérité d'être jointes sous ce seul
vocable :

« La France du Levant ».

Dans la *Guerre Sociale*, M. Edouard Hervé déclare
sans embage que :

« Ce qu'il y a de mieux à faire, dans l'intérêt des
Levantins eux-mêmes, comme dans l'intérêt de la paix
européenne, c'est de partager, entre les vainqueurs,
à l'amiable, les territoires du sultan en zones de protectorat et d'influence, à charge, pour chacune des
nations européennes qui profiteront de la succes-
sion turque, de respecter l'autonomie locale et la
religion de leurs protégés et de les assimiler, pro-
gressivement, à leurs propres nationaux au point
de vue des droits politiques. »

Je n'ai pas tous les journaux et tous les articles,
ce qui me serait difficile, vu le régime extrêmement
sévère qui règne ici. Il résulte, toutefois, de ce que
je vous indique, que dans tous les milieux on parle
de notre dépeçage, sans se préoccuper de ce que
nous pensons.

Est-ce ignorance ? Est-ce calcul ? et vos écrivains
ne voient-ils que par les yeux de tous les groupes
capitalistes qui ont vécu sur la Turquie et voudraient
bien, après la chute de celle-ci, trouver un autre
champ d'action ? Je crains d'autant plus de ne
pas me tromper que certains bruits me sont parvenus par des amis des pays neutres. Il paraît qu'on se
partage déjà le pays pour de grandes entreprises
minières, industrielles et agricoles. Chacun s'est
taillé sa part ; chacun croit y avoir droit dès maintenant et luttera de toutes ses forces financières dans
la presse pour maintenir ses privilèges.

L'OPINION DES ARABES

On semble ignorer que le peuple arabe existe et
forme un tout complet. On ne considère que quelques villes du littoral où vit une population cosmopolite.

Pour certains, comme M. Hervé, ce sont des Levantins. Ce nom, sous sa plume, résume tout.

Or, si ce Monsieur et tant d'autres étaient venus
dans nos contrées, il se serait aperçu de son erreur.
Prenez Damas, par exemple ; la ville est sillonnée —
en temps de paix — par des Arabes des campagnes
et par d'autres Arabes du Désert venus faire des
échanges. Ces nomades appartiennent à des tribus
qui séjournent toujours dans une zone assez rapprochée, mais il en arrive aussi d'autres, faisant
partie de tribus du Nedjed, du Shomer, du Kasim,
du Djof, c'est-à-dire de l'Arabie Centrale Indépendante, venus par la vallée de l'Euphrate, puis la
Palmyrène, avec leurs laines ; ils retournent ensuite
par le Hauran et la Transjordanie sur les plateaux
embaumés de l'Arabie.

Il n'y a pas de frontière entre la Syrie et la Mésopotamie ; il n'y a pas de différence de race ; il n'y a
qu'un peuple arabe. Les opinions religieuses peuvent
différer ; elles n'auraient jamais provoqué de conflits sans la fourberie des valis turcs.

Ce peuple arabe a souffert de longs siècles de la
servitude turque. Nombreux sont ses enfants qui,
pour échapper à ce joug, se sont enfuis en Amérique, en Egypte, partout enfin où on peut vivre libre.
Tous, cependant, ont conservé au fond du cœur
l'amour vivace de leur pays, et ils désirent le voir
enfin libre, reconstitué en un Etat dont la prospérité
deviendra rapide.

L'éducation que nous avons reçue de vous a élevé
nos esprits et raffermi nos cœurs. Grâce à vos leçons, nos pensées se sont élargies, nos espoirs se sont
précisés. Déjà on a remarqué dans le monde le re-
nouveau de la littérature arabe, une renaissance très
vive et très accentuée ; et il est curieux de constater
que les leçons françaises reçues de vous se tradui-
sent en écrits arabes, car nous avons appris en même
temps la langue et l'écriture de notre patrie et
jamais les Turcs n'ont pu nous en empêcher.

Cette persistance, chez les Arabes d'Asie-Mineure,
de la pensée et de la langue arabes, devrait faire
comprendre aux plus aveugles qu'un peuple vit là,
grand par son passé, qui espère être plus grand dans
l'avenir. Et c'est ce peuple que vos financiers, vos
grandes compagnies veulent à leur tour opprimer,
dominer, asservir ?

J'ai lu, depuis la guerre, que la grande lutte actuelle avait pour but de rendre à chacun sa nationalité et de reconstituer les Etats assujettis à une tu-

telle étrangère. Mes amis et moi avons senti notre cœur tressaillir. Il était certain ,à notre avis, que nous aussi, quoique Orientaux, nous serions également libérés du maudit joug des Turcs, et que, sous vos auspices, nous gagnerions notre indépendance.

Que notre réveil a été pénible !

Mais, dites-moi, est-ce le dernier mot ?

L'APPUI ARABE

J'entends bien qu'on reproche, ou tout au moins qu'on fait remarquer ceci : les troupes arabes combattent contre les Alliés !

Eh ! oui ! cela ne fait pas de doute ; mais des Italiens irrédentistes ne sont-ils pas enrôlés de force par les Autrichiens ainsi que des Slaves, des Croates? Des Alsaciens-Lorrains sont dans les rangs allemands, eux aussi. Et, cependant, ces pays seront libres.

La faute que vous nous reprochez est encore moins grande que celle des irrédentistes de toutes nationalités. Nous n'avons aucun pays voisin, ami, où nous réfugier et, dès la déclaration de guerre, vous n'avez rien fait pour nous.

Je sais bien qu'on vous a présenté la méthode à suivre, mais que vous n'en avez pas voulu. Pourquoi ?

Voulez-vous que je vous explique ce que nous attendions des Alliés ? Le voici :

Dès que le Sultan de Stamboul s'est officiellement rangé sous les drapeaux des Allemands et a levé l'étendard vert en proclamant la Guerre Sainte, vous deviez faire appel à toutes les confréries musulmanes du monde entier et leur demander d'élire un Khalife Arabe séjournant à La Mecque, avec l'attribution du territoire du Hedjaz, car il faut au Khalife le prestige d'un certain pouvoir temporel. Ce Khalife ne pouvait être le sultan d'Egypte, quoiqu'en ait dit le grave *Journal des Débats*, le 20 décembre dernier. Le sultan d'Egypte est vassal de la Grande-Bretagne. Le Khalife doit être libre ; sans cela il n'a aucune autorité.

Le Khalife élu, les Arabes, qui n'ont jamais accepté l'usurpation de ce titre par les Turcs, se sentaient déliés de tout lien religieux avec ces derniers. Leur ferveur religieuse ne pouvait plus être invoquée en faveur des oppresseurs. La guerre sainte aux côtés des Turcs n'avait plus de motifs.

Si, aussitôt après, vous aviez proclamé l'Indépendance du pays Arabe, Cilicie, Palestine, Syrie, Mésopotamie, sous le contrôle des Alliés et de l'Italie pendant les premières années d'existence du nouvel État, immédiatement nos frères arabes de l'armée turque faisaient défection, étant déjà allégés de leur serment religieux. Nos officiers arabes étaient prêts, notre action était prévue.

Rien n'est venu de l'Occident et nos cerveaux s'obscurcissent. Nous ne comprenons plus. Vos troupes n'auraient pas été immobilisées en Égypte et aux Dardanelles ; vous n'y auriez pas à lutter contre les Turcs et contre les nôtres

Constantinople eût été à vous depuis des mois: la Russie eût reçu les canons, les fusils et les munitions qui semblent lui manquer et vous eût envoyé son blé, son pétrole, ses chevaux ; la Grèce, la Bulgarie, la Roumanie se seraient déjà rangées de votre côté et l'Italie n'eût pas attendu pour faire son geste chevaleresque ; l'Allemagne n'aurait pas poussé à fond certains travaux du chemin de fer de Bagdad, qui permettent un transport plus rapide des troupes ; le monde islamique ne serait pas de nouveau agité dangereusement, tant en Asie qu'en Afrique par les insuccès des Alliés aux Dardanelles ; la guerre serait près de finir, tandis qu'aujourd'hui ? Il n'est cependant pas trop tard. Faites, dès maintenant, les gestes attendus.

L'AUTRE DANGER

Mais je vois un grave péril si vous persistez dans votre attitude, vous, les Alliés, nos amis, nos frères, et si vous voulez vous partager notre beau pays.

Tout d'abord, ne vous méprenez pas sur nos sentiments ; comme je vous l'ai dit, au commencement de cette si longue lettre, nous vous adorons, vous, France, parce que vous êtes synonyme de Liberté. Nous vous exécrerons, comme les Turcs, si vous aidez à nous asservir de nouveau, et votre domination sera plus dure pour nous que celle des Turcs, car nous ne formerons plus un tout, sous un même maître ; *nous serons une Pologne asiatique.*

Et à mesure que les années s'écouleront, notre éducation politique et intellectuelle plus raffinée, chaque jour, grâce aux écoles, nous fera sentir encore plus vivement la triste situation où les appétits des alliés, ces défenseurs pourtant de la justice et du droit ! nous auront plongés. Nous nous grouperons malgré vous, nous nous révolterons un jour, appuyés par les puissantes forces latentes qui attendent sur le haut plateau de l'Arabie Centrale l'heure rêvée du réveil de l'Empire arabe !

Ceci sera pour plus tard. Dès maintenant vous expierez plus vite votre faute et votre erreur.

Notre pays ne peut être divisé ; sa configuration géographique s'y oppose ; les habitudes de ses nomades rendent ce partage difficile. Les intérêts de tous genres s'y confondent.

Aussitôt après la guerre, et quelles que soient vos conventions préalables — et je doute qu'elles aient tout prévu — la question d'Orient, de notre Orient, surgira plus aiguë que jamais. Pour un morceau de nos côtes, de nos riches plaines, chacun d'entre vous s'entredéchirera, se haïra, puis se battra. La guerre renaîtra, dont profiteront vos ennemis actuels abattus de la veille.

Et pourtant, vous proclamez bien haut qu'après la guerre contre les empires du Centre et contre ces Turcs abhorrés, ce sera la grande paix, le règne de la concorde et de la justice ! Et d'avance, aveuglés par vos appétits, vous préparez le destin fatal, vous fourbissez vos armes !

Ayez une lueur de raison ; faites appel à votre bon sens. La France ne peut prêter la main à ce meurtre d'un peuple qui a toujours eu foi en Elle. Faites adopter la solution que je vous propose aujourd'hui, la seule équitable, la seule logique. Obligez vos alliés à y souscrire. Vous le pouvez, car vous êtes les plus forts.

C'est vous, Français, qui protégez aujourd'hui la liberté du monde ; vous avez le droit et le devoir de parler haut, d'imposer même vos vues au lieu de vous mettre à la remorque de ceux qui, sans vous, ne seraient plus rien.

Le royaume arabe de Cilicie, Syrie, Palestine et Mésopotamie a le droit d'être créé.

Son gouvernement sera constitué par lui-même. Il aura pendant sa jeunesse des conseillers européens, aux prérogatives bien définies. Les puissances alliées jouiront de certains avantages économiques bien limités. De cette façon, toute friction disparaîtra et n'aura pas lieu d'être envisagée.

Soyez sages !

Dans sa visite à Bassorah, en janvier dernier, Lord Harding, vice-roi des Indes, à une demande à lui présentée pour voir maintenir définitivement l'occupation anglaise, répondit :

« Nous ne pouvons dire quelles sont nos intentions futures sans un échange de vues avec les autres puissances, mais je puis vous affirmer que, dans l'avenir, vous aurez un gouvernement beaucoup plus généreux (c'est-à-dire agréable). »

J'admire ces paroles sensées, pleines de prudence et de tact. Elles sont une leçon pour qui voudra la comprendre.

Je termine là ma correspondance, sans vouloir m'appesantir sur la triste condition où nous nous trouvons ici, dans cette ville morte, depuis la guerre. Nos souffrances ne sont rien. L'avenir seul nous préoccupe. Aidez-nous, monsieur, faites connaître nos sentiments, et que, grâce à vous, nous puissions crier de tout notre cœur : « Vivent les pays arabes libres ! Vivent la France et ses alliés ! »

Ces paroles étaient prophétiques. Les sentiments nobles, mesurés, exprimés par cet Arabe-Syrien expliquent la situation actuelle tant en Palestine qu'en Syrie ; mais, comme nous l'écrivait Negib Azoury le 25 décembre 1915 :

Les idées du Syrien peuvent être très bonnes, mais je ne crois pas qu'il ait pu intéresser la France à son point de vue. Mais, puisque vous avez maintenant à Paris un Conseil central de guerre où sont représentés tous les alliés et où sont discutées toutes les questions intéressant la cause commune, j'ai l'intention de faire un rapport sur la façon de réduire la Turquie à l'impuissance absolue. Dès que je l'aurai terminé, je vous l'enverrai pour le présenter soit au Président de la République, soit au général Joffre. Il serait préférable que vous le présentiez en compagnie de M. Paullat, qui l'appuierait de son autorité. Peut-être finira-t-on par nous écouter et se rendre à l'évidence.

La politique des grands ministres français et anglais dans les Balkans a fait faillite. Je vous le prédisais en 1905, vous le rappelez-vous ? Delcassé et Grey, ainsi que leurs gouvernements, croyaient pouvoir, à n'importe quel moment, arracher la Turquie à l'emprise allemande. Ils y envoyaient des capitaux les yeux fermés et c'était l'Allemagne qui en profitait. Les tentacules du colosse germanique enlaçaient de plus en plus l'empire d'Osman, tandis qu'à Paris et à Londres on me disait : « Nous avons de gros intérêts en Turquie et nous ne voulons rien tenter contre elle. » Où sont maintenant ces gros intérêts ?

C'est vraiment malheureux que les rapports de quelques anciens vice-consuls aient (à cette époque) mis échec à l'intervention de M. Paullat et de M. Revoil, qui étaient enclins à m'aider.

Peu de semaines après la réception de la lettre de cet Arabe-Syrien les événements prenaient une assez mauvaise tournure pour les Alliés, tant aux Dardanelles qu'en Asie-Mineure. Les Arméniens se faisaient exterminer. Un mouvement insurrectionnel très sérieux en Transjordanie et chez les Druses, dont les Alliés auraient pu profiter, ne fut pas appuyé. Les Allemands laissaient entrevoir leur intention de suivre à leur profit la ligne de conduite que nous avions préconisée en novembre 1914. Une propagande effrénée se faisait en pays arabe, grâce aux agents allemands installés dans le pays.

Le gouvernement, averti de ces faits par le Président de la République (16 octobre, 13 et 24 novembre 1915) ne bougea pas.

Une nouvelle désastreuse allait, toutefois, amener un changement dans la mentalité anglaise.

Les troupes britanniques marchaient, en Mésopotamie, dans la direction de Bagdad. Elles étaient appuyées par l'innombrable cavalerie arabe des grandes tribus, les Montefics, les Shebaa, les Shammar, etc., à qui on avait promis l'indépendance de la Mésopotamie.

Certaines paroles évasives, à ce sujet, des généraux anglais émurent les émirs arabes. A Ctésiphon, à 30 kilomètres de Bagdad (fin novembre 1915), l'armée anglaise fut abandonnée à ses propres ressources et subit une écrasante défaite. Bloqué dans Kut El Amra, le général Townshend, après une héroïque défense, dut se rendre quelques mois plus tard (29 août 1916). [1]

Cette date est à retenir. Elle est le point de départ d'une nouvelle politique de la part de l'Angleterre et, conséquence logique, des Alliés. Les Arabes n'étant plus quantité négligeable, force était de composer avec eux.

La Grande-Bretagne engagea des pourparlers avec le grand Chérif de La Mecque et un accord fut conclu, dont voici les termes :

Article 1ᵉʳ. — Le gouvernement britannique s'engage à aider à la formation d'un état arabe complètement indépendant dans ses affaires intérieures et extérieures et ayant pour frontières : à l'est, le golfe Persique ; à l'ouest, la mer Rouge, les frontières d'Egypte et la Méditerranée ; au nord, les deux vilayets d'Alep et de Mossoul jusqu'à l'embouchure de l'Euphrate et du Tigre. La colonie d'Aden n'entre pas dans cet Etat.

Le gouvernement arabe s'engage à respecter les traités et accords conclus entre la Grande-Bretagne et les émirs et grands personnages dans la presqu'île d'Arabie.

Article 2. — Le gouvernement de la Grande-Bretagne s'engage à veiller sur cet Etat arabe et à lui garantir son intégrité contre toute ingérence ou attaque, soit intérieure, soit extérieure, par terre ou par mer, et quelle qu'en soit la forme. En cas d'une révolte intérieure suscitée soit par la jalousie, soit par des intrigues, l'Angleterre s'engage à aider le nouveau gouvernement. Cet engagement provisoire est valable jusqu'au jour, où le gouvernement arabe aura achevé son organisation intérieure.

Article 3. — Le gouvernement de la Grande-Bretagne occupe le port de Bassorah jusqu'à ce que le gouvernement arabe ait achevé son organisation. En retour de cette occupation, il paye au gouvernement arabe une somme dont le montant sera fixé par les deux gouvernements mis d'accord.

Article 4. — Le gouvernement britannique s'engage à couper la ligne du chemin de fer entre l'Anatolie et les pays arabes, du côté de Mersine, pour arrêter les forces ennemies qui sont devant les Arabes.

D'autres engagements furent pris par sir H. Mac-Mahon (25 octobre 1915) :

« Comme les districts de Mersine et d'Alexandrette ainsi que quelques parties de la Syrie au nord d'Alep ne sont pas habités par des éléments purement arabes, nous croyons qu'il sera plus juste de les considérer comme en dehors des frontières mentionnées ci-dessus.

En dehors de ces rectifications qui ne touchent en rien à nos arrangements avec les quelques émirs arabes, nous acceptons les frontières précédemment délimitées.

En ce qui concerne le pays où la Grande-Bretagne a la liberté d'agir sans léser les intérêts de son alliée, la France, j'ai le droit, au nom du gouvernement britannique, de vous donner les assurances suivantes :

1° La Grande-Bretagne est disposée — en dehors des rectifications indiquées plus haut — à reconnaître l'indépendance des Arabes et à leur venir en aide dans les limites des conditions établies avec le chérif de La Mecque ;

2° Quant à ce qui est des deux vilayets de Bagdad et de Bassorah, les Arabes doivent reconnaître que la situation de la Grande-Bretagne et ses intérêts l'obligent à prendre des mesures particulières pour organiser leur administration, les sauvegarder contre toute attaque extérieure et les faire prospérer.

Le 23 novembre 1915 Sir Arthur Nicolson, sous-secrétaire permanent au Foreign Office, fit connaître à M. Picot, consul général, délégué du gouvernement français, les négociations engagées par le gouvernement britannique avec le chérif de La Mecque, et la demande présentée par le chérif au sujet des quatre villes en question.

Le 21 décembre 1915, au Foreign Office, à une nouvelle réunion, M. Picot avertit sir Arthur Nicolson que le gouvernement français acceptait que les quatre villes (Damas, Homs, Hama, Alep) fussent administrées par les Arabes eux-mêmes, sous l'influence française.

Dès la signature de l'accord, l'Angleterre mettait

tout er. œuvre pour activer un mouvement parti du Hedjaz. Tous les officiers arabes de l'armée turque réfugiés en Egypte, tous les jeunes et ardents Syriens et Palestiniens de classe élevée et *de toutes religions* obtinrent les plus grandes facilités pour se rendre auprès du Grand Chérif, à La Mecque.

**

En France, tout le monde ne jugeait pas la question arabe comme certains milieux politiques et comme la plupart des journaux et revues.

En plus de quelques parlementaires, très avisés, de la Commission des Affaires Extérieures, qui nous avaient reçu ou nous avaient écrit, un journal, *L'Œuvre*, sous la signature XXX, avait entrepris une campagne très active contre les procédés dont les Arabes se plaignaient (numéros des 25, 26, 27, 28, 29, 30, 31 décembre 1915 et 1ᵉʳ, 2 janvier 1916). Tout serait à citer ; extrayons seulement quelques passages :

26 décembre. — Nous avons en Syrie des intérêts, des droits et des devoirs.

Nos intérêts sont avant tout d'ordre financier... Il s'agit de ne pas les abandonner aux rapineries turques, aux convoitises allemandes ou à l'incurie indigène.

Nos droits sont tout humanitaires ou moraux ; le mot de « protectorat catholique » les englobe et en donne la formule officielle.

Mais que l'on ne s'y trompe pas... « Protectorat », dans la langue diplomatique d'aujourd'hui, a une signification très limitée et très précise ; le protectorat est une organisation gouvernementale dans laquelle une autorité indigène est contrôlée par une administration étrangère. Jamais la France n'a eu à revendiquer le droit de « contrôler » les autorités indigènes.

Nos devoirs tiennent en un mot : sauvegarde des sujets de la Porte qui, n'étant pas musulmans ou n'étant pas Turcs, nous ont pris depuis des siècles pour avoués auprès du maître turc. Ils ont été et voulaient être nos collaborateurs économiques...

Ils demandent aujourd'hui à devenir et à demeurer nos plus fidèles collaborateurs politiques, mais non pas nos sujets, encore moins nos esclaves...

31 décembre. — La guerre présente est un corps à corps de deux doctrines politiques... Morale allemande : les nationalités ont le devoir de se soumettre aux Etats qui se les annexent... Morale des alliés : rien ne peut interrompre ni supprimer le droit des nations à disposer d'elles-mêmes et à chercher leur bonheur dans la liberté...

Or, nos conquérants de Syrie ne peuvent pas ignorer qu'il existe une nationalité syrienne... Par nous, en 1860, une nation syrienne est née qui, depuis cinquante ans, a vécu sans grandir, mais qui ne demanderait qu'à grandir, moins en territoire qu'en droits et en liberté...

Ces Syriens entendent que leur domaine national reste en dehors de notre territoire politique... Et nous aurions grand tort de passer outre ; contre le maître turc, les Syriens avaient trouvé le protecteur français ; contre le maître français, ils trouveraient un protecteur bien plus gênant pour nous que nous n'avons jamais pu l'être pour le Turc, même en 1860.

1er janvier 1916. — Laissons donc la Syrie ; c'est la terre dangereuse sur laquelle veillent les dragons de la censure. La Syrie est pauvre, mais la Cilicie est riche.

La Cilicie est une terre peuplée qu'une nation depuis sept siècles a faite sienne. La Syrie est aux Syriens. C'est aux Arméniens qu'est la Cilicie... Ils ne croyaient pas que nous faisions la guerre pour les dépouiller.

2 janvier 1916. — Le Taurus n'est pas une barrière ; c'est plutôt un gradin qui supporte au-dessus de la plaine marine le plateau continental ; au-dessus de la Petite Arménie, la Grande Arménie...

Les Arméniens disent avec raison que c'est mutiler leur nation qu'attribuer la plaine aux Français et le plateau aux Russes...

L'annexion de la Cilicie à notre domaine colonial serait un crime de lèse-nationalité arménienne, au même titre que l'annexion de la Syrie serait un crime de lèse-nationalité syrienne. Et nous serions bien vite punis de l'un comme de l'autre... du jour où nous immolerions aux appétits de nos coloniaux ces deux nationalités levantines, je ne donnerais pas cinq ans pour que la Cilicie nous brouillât avec les Russes et la Syrie avec les Anglais.

C'est à ce moment qu'intervint M. Chekri Ganem. Dans une lettre adressée à *L'Œuvre* (31 décembre 1915), il disait :

La Syrie intégrale doit revenir, sans pied ni aile en moins, à qui l'aura et a le droit de l'avoir sous sa protection.

Les Libanais, réfugiés dans les pays de la Quadruple Entente, réclamaient à la même date énergiquement contre les violations de leur statut par les Turcs, et contre les massacres en masse des amis de la France.

En Syrie, les jeunes gens des plus grandes familles, les hommes les plus connus et les plus honorables furent condamnés à la pendaison. Voici ce qu'écrivait un témoin oculaire :

Les condamnés chantaient des chants patriotiques comme s'ils avaient été invités à une fête, et leur courage faisait l'étonnement de la population. Je citerai, parmi ceux qui périrent ce jour-là, Chefik bey El Moayad, Chukri El Assaly, ex-député de Damas, Jalal El Bakhari, jeune avocat qui disait à son père, un uléma : « Ne me regrettez pas ; vous avez d'autres enfants et je meurs pour une sainte cause. La nation arabe vous soutiendra. Vivent les Arabes ! Vive l'Indépendance !

Toutes ces atrocités des Turcs et ces luttes entre Alliés pour le partage ne se fussent pas produites si l'Entente avait écouté les propositions justes qui lui avaient été faites ; mais les convoitises existaient déjà, comme nous l'avons vu.

L'année 1915 finissait lamentablement.

En janvier 1916, le général Townshend était toujours bloqué par les forces considérables ennemies composées de Turcs, de Kurdes, d'Arabes, avec des cadres allemands. La répercussion de la défaite se faisait sentir en Perse. En Turquie, les Allemands avaient pris en mains tous les services et les gouvernants ottomans. Envers comme Djemal, n'étaient que des pantins dont ils tiraient les ficelles.

Pour poursuivre une idée fixe, irréalisable avec les moyens dont on disposait, c'est-à-dire la prise des Détroits, on avait négligé le front utilisable. Il aurait fallu prévoir, étudier tous les problèmes, se mettre vite d'accord, et faire abstraction totale de ses idées préconçues et des combinaisons financières anciennes ou en préparation. Il est juste d'ajouter que la politique d'effacement et de subordination, pendant de longs mois, de nos diplomates vis-à-vis de l'Angleterre a été cause de tout le mal.

Si l'action française en Syrie correspondait avec l'action russe en Anatolie, les choses iraient « vite », nous faisait remarquer Négib Azoury le 28 février.

L'action avait lieu, mais d'une toute autre façon. La France concluait, en effet, un accord avec l'Angleterre, lui laissant la Palestine jusqu'à Caïffa ; le reste, au Nord, revenait à notre pays. Mais, dans la lettre du 16 mai 1916 où Sir Edward Grey donnait sa signature à cet arrangement, il était spécifié que les Arabes devaient obtenir les quatre villes de Damas, Alep, Hama et Homs.

Cet accord n'était pas en contradiction avec celui conclu avec le grand chérif ; car dans l'article 1er il parlait de la zone A et, dans l'article 2, il faisait allusion aux négociations qui devaient être continuées avec les Arabes, et tenait manifestement compte des engagements pris avec ceux-ci.

Le comte Cressaty, de son côté, exposait le 13 avril 1916, à de nombreux auditeurs (conférence de la Salle Gaveau), quelles richesses nous attendaient dans ces régions dans lesquelles il comprenait la Cilicie et le vilayet d'Adana particulièrement prospère. Il se montrait opposé à l'autonomie de sa patrie et demandait son rattachement à la France.

La revue *La Correspondance d'Orient*, dirigée par le Dr Samné et par Chekri Ganem, et largement subventionnée, fut chargée de poursuivre la même propagande d'occupation.

En juin 1916, la révolte arabe éclatait (1).

---

(1) La suite de cette histoire, qui paraîtra incessamment, a pour titre : « La Révolte Arabe, de Juin 1916 à nos jours ».

ANNEXES

ANNEXES

————◆————

PIÈCE N° 1

Du *Times* (24 août 1906). Traduction.

Arabe et Turc

On ne pourrait guère trouver un plus grand contraste que la thèse et le style de *Les Puissances devant la Révolte Arabe* (Hachette) de M. Eugène Jung. Sa proposition n'est autre que le rétablissement ou la construction d'un grand empire. Voici sa solution du problème de l'Orient Central. Il fait remarquer que la race Arabe est la plus grande des quatre ou cinq races qui composent l'Empire Turc ; cet empire est maintenu par l'opposition habile des uns aux autres. Les Arabes payent deux tiers des impôts et fournissent les deux tiers de l'armée du Sultan. Ils ne sont pas tous ses sujets. En Arabie même existent de vastes, riches et puissantes tribus. Au xix° siècle celles-ci constituèrent pour un moment l'Empire Wahabite. Mais ses divisions ne lui permirent pas de subsister longtemps. L'Egypte pénétra et gouverna l'Arabie pour quelque temps ; la Turquie a l'intention, et essaye actuellement d'en faire autant, et imposer sa dîme et sa conscription sur ces libres Arabes. M. Jung ne propose rien moins que la reconstitution du royaume Wahabite soutenu par des Puissances Européennes, agrandi par l'addition des Arabes actuellement sujets de la Turquie, s'étendant de l'Egypte à la Perse, d'Aden à l'Asie Mineure, cela doit être « constitutionnel et progressif » ; la race Arabe doit être libérée du poids écrasant du barbarisme turc. D'un seul coup l'Arabe doit faire renaître les jours dorés d'Haroun Al Raschild et lancer ses emprunts sur les marchés de Paris et de Londres. M. Jung ne peut décider ce qui sera le mieux de la civilisation arabe ou de ses placements. Le projet est complet dans tous ses détails ; une solution des difficultés religieuses, encore plus délicates en Orient qu'en Occident, est proposée. Le Pape Musulman, le Chérif de la Mecque doit avoir un état papal indépendant, le Hedjaz. La religion doit être délivrée du pro-

blème laïque en privant le Sultan du Califat pour le
lui donner.

Il y a de la grandeur dans ce projet, et peut-être
est-il moins fantastique qu'il ne le semble. Mais le
style est en contraste parfait. Il est tout autre qu'am-
ple, délirant ou imaginatif. C'est un style très administratif, concis, et plutôt sec. L'auteur passe en revue la situation actuelle, l'histoire contemporaine, les
conditions économiques, sociales et géographiques,
l'avenir des Arabes, et les intérêts Européens dans
leur pays, en ce qui pourrait être l'extrait d'un Livre
Bleu. A vrai dire, si minutieuse est la revue, sous un
petit volume, qu'on est informé de l'état de la tem-
pérature à différentes saisons de l'année dans toute
la Turquie Asiatique. Le contraste est bizarre et
frappant. On ne peut rejeter les projets d'un homme
si sobre et si modéré. Si son langage était aussi hardi
et aussi vaste que ses idées, il inspirerait de la défiance. M. Jung a été un fonctionnaire colonial
français, et son œuvre a une tendance politique marquée. Elle est anti-allemande et c'est probablement
pour cela qu'elle est anti-turque. C'est avec l'Allemagne, et pour le bénéfice de l'Allemagne que le Turc
entend compléter la conquête des Arabes. Les Allemands doivent construire, ou construisent, pour le
Sultan les deux voies ferrées de Bagdad et de la
Mecque qui doivent les soumettre. En récompense la
Turquie deviendra, et devient rapidement, un protectorat allemand. Contrarier le Sultan, c'est contrarier
l'Empereur d'Allemagne. Une grande défaite turque
serait une grande défaite allemande. Une invitation
à l'infliger est impliquée à l'Angleterre, la France, et
la Russie. Le livre leur suggère le moyen : un empire Arabe indépendant. A aucune puissance cette
invitation n'est si cordialement formulée qu'à la nôtre ; notre étrange situation comme possesseurs ou
gouverneurs de la presque totalité de la côte de
ce' empire futur fait que le projet entier dépend de
nous. L'admiration de M. Jung pour notre Empire se
fait sentir à chaque instant. Il a travaillé en Indo-
Chine Française et par conséquent s'est trouvé en
contact avec l'Inde. On peut voir qu'il est encore
sous l'impression profonde que le Gouvernement de
l'Inde produit toujours sur tout étranger. Vraiment
de tels livres sont plaisants à lire. A notre surprise,
nous découvrons combien notre politique est profonde, combien sont grandes ses ressources, élevé son
prestige, habiles ses dirigeants. Les travaux de nos

propres compatriotes sont plutôt décourageants, car
souvent ils ne font que déplorer son inconstance, son
incertitude, sa faiblesse et son incompétence.

Arab and Turk

One could hardly have a greater contrast than the
thesis and the style of M. Eugène Jung's *Les Puissances devant la Révolte Arabe* (Hachette). His proposition is nothing else than the revival or construction of a great empire. This is his solution of the
problem of the Middle East. He points out that the
Arab is the largest of the four or five races which
form the Turkish Empire; that empire is main-
tained by the skilful playing-off of one against the
other. The Arabs pay two-thirds of the taxes and
fill two-thirds of the Sultan's army. They are not
all subject to him. In Arabia itself are large, rich,
and powerful tribes. These during the nineteenth
century formed for a moment the Wahabite Empire.
But its divisions did not allow it to subsist for long.
Egypt penetrated and ruled Arabia for some time ;
Turkey intends, and is now trying, to do the same,
and impose its tithe and conscription on these free
Arabs. M. Jung proposes nothing less than the
reconstitution of the Wahabite kingdom supported
by European Powers, enlarged by the addition of the
Arabs now subject to Turkey, stretching from Egypt
to Persia, from Aden to Asia Minor; it is to be «con-
stitutional and progressive»; the Arab race is to be
freed from the crushing load of Turkish barbarism.
At a stroke the Arab is to revive the golden day of
Haroun Al Raschid and to float his loans on the
Paris and London markets. M. Jung cannot make
up his mind which will be finest, the civization of
Arabia or its investments. The plan is complete in
all its particulars; a solution of the religious diffi-
culty, even more delicate in the East than in the
West, is proposed. The Mussulman Pope, the Cherif
of Mecca, is to have an independent Papal State,
the Hedjaz. Religion is to be freed from lay entan-
glement by depriving the Sultan of the Caliphate
and giving it to him.

There is grandeur in this plan, and perhaps it is
less fantastic than it seems. But the style is in perfect
contrast. It is anything but large and flighty and
imaginative. It is a most administrative style, sober,
concise, and rather dry. The author reviews the pre-

sent condition, the moder.: history, the economic and
social and geographical conditions, the future pros-
pects of the Arabs, and the European interests in
their country, in what might be the abstract of a
Blue-book. Indeed, so minute is the review, in what
is quite a small book, that you are told what the
weather is like at different seasons of the year all
over Asiatic Turkey. The contrast is quaint and
very effective. You cannot reject the schemes of
such a sober and moderate man. If his language was
as bold and as vast as his ideas, he would inspire
distrust. M. Jung has been a French colonial offi-
cial, and his work has a decided political intention.
It is anti-German, and this is probably why it is so
anti-Turk. It is with Germany, and to the profit of
Germany, that the Turk means to complete the con-
quest of the Arabs. The Germans are to build or are
building for the Sultan the two railways to Baghdad
and Mecca which are to subdue them. As a reward
Turkey will become, and is fast becoming, a German
protectorate. A check to the Sultan is a check to
the German Emperor. A great Turkish would be a
great German defeat. There is an implied invitation
to England, France, and Russia to inflict it. The
book suggests to them the means—an independent
Arab Empire. To no Power is this invitation so cor-
dially extended as to our own; our peculiar position
as possessing or governing the almost entire coast of
this future empire makes the whole plan depend
upon us. M. Jung's admiration of our Empire shows
itself at every mention. He has worked in French
Indo-China and therefore come into contact with
India. One can see that he is still under the deep
impression that the government of India always
makes upon any foreigner. Indeed, such books are
pleasant reading. To our surprise we find ont how
deep our policy is, how great its resources, how high
its prestige, how able its directors. The works of our
own countrymen are rather depressing, for they
often do nothing but deplore its vacillation, uncer-
tainly, weakness, and incompetence.

PIÈCE N° 2

La Question du Liban
(11 décembre 1912)

La nomination d'un gouverneur du Liban est en question actuellement. On parle pour ce haut poste de Youssef Saba pacha, ancien directeur général des Postes et Télégraphes, ex-ministre des finances en Egypte, et qui serait réclamé par certains libanais, appuyés par l'Angleterre.

Ceci ramène l'attention un peu écartée de ce pays par la guerre des Balkans.

On sait qu'en France, au mois de juillet dernier, M. Poincaré, président du Conseil, avait reçu, en audience, la députation du Liban, M. Chekri Ganem, président du comité libanais de Paris ; M. R.-J. Khairallah, secrétaire, et M. Daoud Ammoun bey, du comité libanais du Caire, qui lui présentèrent un mémoire sur la question du Liban.

Le régime administratif, en vigueur au Mont Liban, date de 1860, c'est-à-dire de l'expédition française en Syrie, qui fut entreprise à l'occasion des massacres des Maronites par les Druses. Une convention entre les grandes Puissances institua un gouvernement particulier relevant directement du Sultan. Le gouverneur qui va être proposé par la Porte à l'agrément des Puissances est nommé pour cinq ans. Il a à sa disposition un corps de troupes indigènes.

Car il était nécessaire entre les deux races adverses du pays d'imposer une autorité capable de les maintenir dans l'ordre et d'empêcher les luttes religieuses entre elles, (on compte 150.000 Druses et 300.000 Maronites catholiques).

Comme le remarque J.-J. Rousseau, dans le Contrat social : si de deux peuples voisins, l'un ne pouvait se passer de l'autre, ce serait une situation très dure pour le premier et très dangereuse pour le second. Toute nation sage, en pareil cas, s'efforcera bien vite de délivrer l'autre de cette dépendance. Ici, il s'agissait d'une lutte religieuse, rappelant, toutes proportions gardées, celles des catholiques et des protestants en France, aux XVI° et XVII° siècles.

C'est pourquoi l'équilibre devait être imposé entre deux races hostiles qui aupafavant vivaient sous l'autorité d'un même prince, tantôt druse et tantôt maronite. Le régime politique dérivait du système féodal jadis apporté par les Croisés. Gérard de Nerval, dans son *Voyage en Orient*, prétend avoir retrouvé chez les Druses l'influence maçonnique des Templiers. Très peu d'initiés en connaissent les secrets.

La forme patriarcale constituait au Liban la famille, sous la puissance du *pater familias*, comme jadis chez les Romains, et dans la cité où les seigneurs libanais imposaient leur pouvoir despotique à leurs serfs, situation archaïque aujourd'hui.

Il y a un réel malaise économique au Liban, actuellement causé par une émigration intensive, que M. Khaïrallah, l'un des membres de la députation, a évaluée, en 1906, pour les districts de Zahlé, Gezzine, Kesrouan et Batroum, à 20.761 émigrants pour 40.767 contribuables. Le seul district de Kesrouan comptait 10.206 émigrants pour 15.549 contribuables, la même année.

La première cause de ce départ en masse serait la mauvaise administration. Puis l'accroissement des besoins et l'instruction généralisée ont produit une véritable crise.

Il se manifeste, en effet, au Liban, le même phénomène économique qu'on remarque ailleurs. Les ouvriers agricoles qui, autrefois, s'y contentaient d'un salaire journalier de six sous, ne vivraient plus avec si peu, comme leurs prédécesseurs, *exiguo assueta juventus*. Tels les travailleurs japonais, avant la guerre avec la Russie, étaient payés 4 ou 5 sous par jour, et les indigènes de Madagascar recevaient pour leur travail quotidien, il y a douze ou quinze ans, 4 sous et une kapoka de riz. Tout augmente, et l'ananas qui valait 5 centimes à Tananarive en 1899, coûtait le triple, trois ans après. De même, le regretté M. de Mahy nous disait avoir vu vendre, là-bas, des zébus, bœufs malgaches, une piastre (5 fr.) autrefois.

Pour revenir à la question Libanaise, ajoutons qu'en 1907 le Liban possédait un réseau de 806 kil. 216 mètres de routes livrées à la circulation, de 280 kil. 460 mètres en voie de construction et en projet.

La superficie du territoire libanais étant de 3.500 kilomètres carrés, 3 kilomètres carrés se trouvent alors desservis par un kilomètre de route.

Et l'on sait ce que sont les routes en Turquie, où

les arabadjis (cochers) préfèrent passer à côté, à travers champs!

Ces routes sont si mal réparties que le district de Metten en a 271 kilomètres, quand celui de Kesrouan qui est plus étendu n'en possède que 68. Par cet exemple, on juge du reste.

L'ouvrier réclame aujourd'hui 2 fr. 50 et 3 francs par jour, en raison de la cherté de la vie et des exigences d'une vie plus civilisée qu'autrefois.

Cette augmentation du prix de la main-d'œuvre cause le dépeuplement, car il est impossible d'y faire droit.

Le système gouvernemental contribue à la ruine locale par ses abus et son anachronisme, car le pacte social est rompu, et les habitants sont forcés, mais non pas obligés d'obéir, comme l'a dit J.-J. Rousseau. Or, tant va la cruche à l'eau !...

250.000 Libanais se sont expatriés et font honneur à leur race, à l'étranger. Il est probable que beaucoup reviendraient au sol natal si le régime y devenait plus libéral et plus pratique, ce n'est même pas douteux.

La preuve en est dans les propositions de réformes qu'ont adressées au gouvernement ottoman les Libanais du Caire qui demandent : la séparation des trois pouvoirs législatif, exécutif et judiciaire, suivant le *Réveil de Beyrouth* de mai 1912, où Ibraham J. Tabet reprenait la thèse de Montesquieu que « tout serait perdu si les trois pouvoirs étaient réunis sur une même tête ».

L'auteur de l'*Esprit des lois* ajoutait que chez les Turcs où ils étaient concentrés par le sultan, il régnait, jadis de son temps, un affreux despotisme.

Aussi, déclare-t-il, le gouvernement a-t-il besoin pour se maintenir de moyens violents. On en a vu la preuve, depuis. C'est pourquoi il devient urgent de doter le Liban d'une réforme constitutionnelle, répondant à ses nécessités actuelles.

On réclame donc :

1° La modification du mode d'élection des membres du Conseil administratif, soit en étendant le droit d'élection à tous les citoyens, soit en augmentant le nombre des électeurs.

2° L'extension de la juridiction des tribunaux civils aux affaires commerciales.

3° La suppression de la faculté de pouvoir destituer les magistrats et les fonctionnaires laissée au gouverneur du Liban. Ce droit serait donné au Conseil de discipline.

4° L'augmentation des revenus du gouvernement par le renouvellement du recensement et du cadastre, tout en conservant l'ancienne assiette des impôts, et la publication d'un budget annuel en due forme.

5° La libre pratique par les bateaux à vapeur dans les ports du Liban, comme elle existe pour les bateaux à voiles.

6° L'application stricte et rigoureuse des protocoles, ainsi que toutes les dispositions qui seront ordonnées à l'avenir.

(Il est à remarquer, pour le port de Beyrouth, que l'on y a établi des taxes élevées, lesquelles éloignent les navires qui préfèrent débarquer leurs marchandises à Tripoli ou à Caïfa).

Enfin les Libanais veulent encore la réforme de la milice; la perception pour le compte de leur gouvernement, des taxes postales et télégraphiques sur leur territoire; la résidence obligatoire des gouverneurs; le droit de propriété pour les Libanais des biens *Kharadj*, à l'exception des biens impériaux ; et le droit pour la Cour d'appel de juger en dernier ressort et d'exécuter des sentences sans recours à la Cour de cassation.

La France ne saurait trop s'intéresser non seulement à l'avenir politique du Liban qui doit à ses armes et à son influence sa première charte d'affranchissement, mais encore et surtout à son développement économique. La question des ports et des chemins de fer est très importante là-bas. La France a un rôle direct à y jouer dans le domaine des travaux publics, de l'industrie et du commerce, et la tradition lui en fait un devoir.

La nation Libanaise attend d'elle avec confiance un soutien qu'elle lui a donné déjà depuis si longtemps.

Il ne faut pas oublier que les consuls des six grandes puissances ont à Beyrouth des fonctions quasi-diplomatiques, par suite de leur mission de contrôle sur les affaires du Liban et que la France se doit de continuer son rôle séculaire de protection locale, dans l'intérêt de la population libanaise, comme dans celui de la Turquie elle même. Car tout se tient dans un empire, où l'union fait la force. On ne doit regarder les parties que pour juger le tout ensemble et examiner toutes les causes pour voir tous les résultats et porter le remède où il convient.

Et la réforme nécessaire dont nous parlons sera d'un heureux effet sur la prospérité future de ce pays qui souffre de maux réels en raison d'une organisation qui ne répond plus au temps présent et entrave le développement normal du Liban. C'est à la France d'y veiller.

Les populations chrétiennes de Syrie ont recours depuis quatre siècles à la protection de la France en qui l'histoire et les traditions leur ont appris à espérer. Tous les régimes qui se sont succédé depuis près de 480 ans, se sont accordés sur la nécessité de maintenir cette situation avantageuse pour les uns et bienfaisante pour les autres. Et telle a été l'unanimité des opinions à cet égard que le Comité de Salut Public lui-même intimait à l'envoyé de la France à Constantinople de garder la ligne de conduite de l'ancienne monarchie, car, disait-il, « les rapports de cette espèce, établis par la nature même, sont au-dessus des variations de gouvernement ». Napoléon Iᵉʳ ne pensait pas autrement, et Napoléon III en intervenant en 1860 dans les affaires du Liban, comme plus tard Gambetta, n'ont fait qu'accentuer cette mission protectrice en Orient.

C'est ce que nous affirmait encore à Constantinople, en 1908, l'ambassadeur de France, M. Constans, et c'est la règle qui doit faire agir aujourd'hui notre gouvernement, comme l'a bien compris d'ailleurs M. Poincaré, dans l'entrevue qu'il a eue avec la députation du Liban, et d'où nous souhaitons voir sortir une heureuse intervention en faveur de ce pays.

Albert LECOINTRE.

PIÈCE Nᵒ 3

Lettre de Paris
(Journal *L'Egypte*)

Paris, 22 décembre 1912.

« Quant à la Turquie, certes elle verra lui échapper une très grande partie de ses territoires d'Europe, mais il lui restera en Asie un empire vaste et florissant, où elle pourra exercer son autorité en faveur du progrès et de la civilisation. Si la Turquie est bien inspirée elle tournera ses efforts de ce côté ; et elle y retrouvera la bienveillante amitié de l'Europe et de la France.

« Pendant les hostilités, nous nous sommes maintenus dans une scrupuleuse neutralité ; nous serons heureux, la paix une fois faite, de continuer avec cette nation les excellentes relations politiques et économiques que nous avons toujours eues avec elle.

« Pour éviter les difficultés dans l'avenir, la Turquie fera bien d'écouter avec bienveillance les doléances de quelques-unes des populations comprises dans son empire.

« Depuis longtemps déjà, notre ambassadeur appuie auprès de la Porte les réformes demandées par les Libanais. Ces négociations laborieuses n'ont encore abouti à rien.

« Je n'ai pas besoin de rappeler au Sénat que nous avons au Liban et en Syrie des intérêts tradi-tionnels que nous entendons maintenir et faire respecter. (Très bien ! très bien !)

« C'est sans motif qu'on a insinué qu'un dissentiment s'était glissé à l'occasion de cette affaire entre l'Angleterre et nous. Le gouvernement britannique nous a au contraire amicalement déclaré qu'il n'avait ni intention d'agir, ni dessein, ni aspiration politique dans ces régions. (Très bien ! très bien !)

« Nous sommes décidés à maintenir l'intégrité de l'empire ottoman en Asie ; mais aussi à n'abandonner aucune de nos traditions de sympathie, à ne laisser en souffrance aucun de nos intérêt. (Vifs applaudissements) ».

Telles sont les déclarations de M. Poincaré faites hier au Sénat. Elles corroborent ce que je vous ai écrit, il y a huit jours, à propos des sollicitations des Arméniens ,des Libanais et des Arabes. J'aurais été heureux de voir préciser ce fait par notre Président du Conseil que, si la Turquie devait demeurer grande puissance asiatique, les nationalités composant ce restant d'empire devaient jouir d'un statut particulier afin d'éviter de futurs soubresauts. Il n'en est rien. C'est à ces nationalités qu'il importe maintenant de prendre exemple sur les peuples Balkaniques. Devant le fait accompli, on doit s'incliner.

L'Angleterre, comme le dit le Ministre des Affaires Étrangères, a déclaré qu'elle se désintéressait de l'Asie Mineure. Le gouvernement actuel de la Grande

Bretagne a des visées sociales à l'intérieur des Iles Britanniques, et il en est très préoccupé. Heureusement pour lui il existe une pléiade d'hommes d'action de la vieille école qui savent mettre leur pays en présence d'événements précis et définitifs.

Le contentement de M. Poincaré en ce qui concerne l'accord des six grandes Puissances au sujet de l'Alliance et du port de l'Adriatique me laisse rêveur. En réalité, la Triple Entente renouvelle la faute de 1908 ; elle cède devant la Triple Alliance qui, contenta de son succès, va augmenter ses exigences. Si on acquiesce, d'autres requêtes suivront. On oublie cependant dans cet aréopage les Etats Balkaniques qui ont un peu voix au chapitre. On les dépouille en paroles. L'action sera plutôt chaude. Je sais pertinemment que Saint-Pétersbourg a été le grand facteur du modérantisme en cette occurrence ; mais en dehors du tzar Il y a la nation slave que l'empereur de toutes les Russies oublie, à tort selon nous.

N'oublions pas que l'Autriche et par conséquent l'Allemagne n'ont pas abandonné l'idée d'obtenir coûte que coûte la route du Vardar et Salonique, et que ce but ces deux nations le poursuivent avec entêtement. La Méditerranée Orientale doit être mer teutonne. Il ne peut, à leur sens, y avoir solution de continuité entre les Allemands d'Europe et les intérêts allemands d'Asie Mineure. Là gît tout le problème.

Toutes ces combinaisons seraient drôles si la paix du monde n'était pas en jeu. Le fait de demander à la Turquie de décider l'autonomie de l'Albanie est une de ces cocasseries ; que vient faire la Turquie ? elle ne possède plus ces territoires dont la délimitation en outre paraît impossible. Nous avons encore des heures troublées à traverser.

Quant à l'attitude des sénateurs et députés qui se sont refusés d'entendre les paroles de M. François Deloncle, elle est très explicable pour celui qui connaît la mentalité de ces Messieurs. En l'occurrence ils ne veulent prendre aucune responsabilité et laissent ce soin aux Ministres ; ils préfèrent ne voir que les vues cinématographiques présentées par le Président du Conseil ; ils aiment ce brouillard placé devant leurs yeux qui leur cache la réalité si angoissante. En fait, ils sont tous au courant ; mais, pour se leurrer eux-mêmes et faire partager leur conviction aux électeurs, ils se retranchent derrière la parole du Premier. Un débat contradictoire ou des questions précises les gêneraient. Ce n'est pas brave, mais humain et conforme à l'état d'âme de nos Parlementaires.

E. JUNG.

PIÈCE N° 4

Les Commandements de la Triplice
Du journal l'*Egypte* : 28 février 1913.

Pendant qu'on se battait un peu partout et que la Turquie faisait des efforts désespérés pour se maintenir en Europe, les ambassadeurs réunis en aréopage discutaient, décidaient et tranchaient toutes les questions balkaniques. Les points de vue tripliciens étaient adoptés sans contestation, la Triple-Entente opinant du bonnet, se réservant dit-elle, mais en réalité acquiesçant à tout.

Les commandements allemands sont curieux à connaître : les voici dans toute leur ampleur et dans leur superbe beauté, digne monument de morgue et de suffisance tudesques :

1. Point ne seront les Balkaniques maîtres chez eux ;

2. Point ne traiteront les Serbes avec le Saint-Siège, l'Autriche devant se réserver la protection des catholiques ;

3. Point ne garderont les Serbes et les Grecs Uskub, Monastir, Janina et Scutari qui doivent rentrer dans les territoires de la future très grande Albanie, germe de troubles et de conflits ;

4. Point n'auront les Balkaniques droit de contrôle sur cette Albanie qu'ils ont conquise et qui contient une majorité de leurs concitoyens, l'Autriche et l'Italie se réservant ce droit ;

5. Point ne seront abolies les capitulations ni les postes étrangères, les Balkaniques devant être traités comme l'ancienne Turquie ;

6. Point n'auront la jouissance de leurs chemins de fer, et entre autres la ligne du Vardar à Salonique qui sera internationalisée ;

7. Point ne pourront garder Salonique, ni Constantinople ni les côtes des détroits ;

8. Point n'auront la seule direction de leurs douanes, à cause de la reprise par eux d'une partie de la dette ottomane ;

9. Point ne garderont les Grecs les îles de la mer Egée.

Comme il sied à des diplomates, tout cela s'est fait sans rire, avec un sérieux imperturbable. Ces messieurs se croient reportés à de nombreuses années en arrière sans s'apercevoir que tout est changé et que chez certains peuples existe une volonté inébranlable contre laquelle tout se brisera.

En dehors des Balkans, il y a l'Asie Mineure. Pour elle, également ,des commandements ont été édictés :

1. Point n'auront l'air les puissances de toucher à l'Asie Mineure ;

2. La Russie, la France et l'Angleterre ne pourront y prétendre ;

3. Seule l'Allemagne continuera sa mainmise sur ces pays ;

4. Les revendications des Arméniens et des Arabes sont considérées comme nulles et non avenues ;

5. Si la Russie laisse la Triplice libre de ses mouvements en Europe, elle pourra avoir la sortie des Dardanelles et une partie de l'Arménie.

Voilà, résumé, le résultat tangible de tous ces conciliabules. La Triplice a appuyé ses volontés par les 900.000 hommes officiellement mobilisés en Autriche et par l'armée allemande archiprête ; l'Italie, toujours engagée en Tripolitaine, ne pourra fournir qu'un très minime appoint. La Triple-Entente n'a offert comme contre-poids que les désirs de paix à tout prix des gouvernements anglais et français, et une politique hésitante, faite de marchandages, de la Russie.

Et les droits des Balkaniques ? m'objectera-t-on. Laissez-moi rire ! ça ne compte pas pour ces grands de la terre, à leur avis du moins. C'est une profonde erreur, à mon sens. *Les Balkaniques ont la ferme intention de ne se laisser imposer aucune volonté, d'agir à leur guise et de garder leurs conquêtes.*

Ils seront écrasés ? Non. Un facteur tout puissant est avec eux : *la nation russe* qui balaierait alors impitoyablement le tsar et ses conseillers.

Le danger est grand ; plus proche est la solution de la guerre avec la Turquie, et plus proche aussi est, dit-on, la conflagration générale. On se le dit tout bas dans les chancelleries, mais à Londres comme à Paris, on veut croire qu'à force de concessions, on évitera la guerre — et c'est toujours l'intimidation sur laquelle comptent les Tripliciens.

Au moins, ai-je avancé l'autre jour, pensez à ceux qui souffrent en Asie Mineure ? Que ferez-vous pour eux ? Assurez-leur une certaine autonomie, à ces peuples qui ont eu jusqu'à ce jour grande foi en vous !

— Surtout qu'ils ne bougent pas et ne fassent rien ! me fut-il répondu !

C'est simplement triste ; il n'y a plus d'âmes vibrantes dans les ministères, dans le Parlement.

Il n'y a pas d'hommes !

Se préoccupent-ils des choses extérieures, ces parlementaires ? Non. Que leur importe la manœuvre audacieuse de l'Allemagne faisant de soi-disant concessions à l'Angleterre, offrant l'Arménie à la Russie, pour isoler la France, battre celle-ci plus facilement et se retourner ensuite contre ses deux autres ennemies !

Le *Timeo Danaos et dona ferentes* et le *Divide ut regnes* ont leur application toute trouvée en la circonstance.

Personne n'y veut penser. Le réveil sera désagréable. Il est proche, croyons-nous.

PIÈCE N° 5

Demain et les Puissances balkaniques
(Journal *L'Egypte*)

(De notre correspondant particulier)

Paris, 28 mars 1913.

Andrinople est prise ! Nous devons un respectueux hommage à ses défenseurs qui ont sauvé l'honneur.

Quant à la situation générale, il convient qu'on s'y arrête. Les Balkaniques — combien de fois l'avons-nous répété ! — veulent faire leurs affaires eux-mêmes et n'entendent pas qu'on vienne les déranger. A l'Europe qui leur sortait la fable du Loup et de l'Agneau, ils répondent que l'Agneau a aujourd'hui des crocs et des griffes et que la raison du plus fort n'a pas de raison d'être avec eux. Ils considèrent qu'ils 'nont plus d'amis, ceux-ci étant plus dangereux que leurs vrais ennemis. Que dire, en effet, du discours de Sir Edward Grey prononcé le 25 mars aux Communes ? Que penser de ces mots :

« Si ces conditions ne sont pas acceptées, si les alliés insistent pour qu'en Thrace une ligne de frontière soit concédée, qui amène aussitôt la question de Constantinople et celle des détroits à se poser, ou si la guerre se prolongeait au point que la question d'Asie-Mineure surgisse, alors, le fait est certain, les puissances ne se comporteraient plus, en face des événements d'Orient, comme des médiatrices désintéressées, « mais comme des parties intéressées ! »

« Le Temps », d'hier, a jugé ces paroles : « Nous avons regretté que, dans son discours de mardi, Sir Edward Grey ait parlé d'un ton peu compatible, à notre gré, avec la magnifique vaillance des vainqueurs et des vaincus. »

Les Alliés ont répliqué par la prise d'Andrinople, par l'attaque de Tchataldja, par la déclaration du roi du Monténégro que Scutari serait à lui, et par celle-ci plus grave encore : que le Monténégro serait soutenu par eux tous.

Ce n'est pas fini. Ce qui vient d'être dit est l'histoire d'hier et d'aujourd'hui ; mais que sera celle de demain ?

Tout d'abord, voici la réponse aux Commandements des Grandes Puissances, dont nous avons parlé dans l'article paru le 28 février :

1° Nous serons maîtres absolus chez nous ;

2° Les actions des chemins de fer orientaux pourront être entre les mains des Grandes Puissances, nous entendons avoir le contrôle de ces lignes et la liberté de les diriger ;

3° Aucun protectorat religieux ne sera accepté ni maintenu ;

4° Si nous décidons la création d'une petite Albanie, ce qui n'est pas certain, cette principauté sera exclusivement sous notre contrôle militaire et diplomatique ;

5° Les capitulations seront abolies et les postes étrangères supprimées ;

6° Nous garderons toutes nos conquêtes et aurons un débouché sur la mer de Marmara ; si Gallipoli tombe entre nos mains, nous le conserverons, étant aussi aptes que les Turcs à l'occuper. Et ceux-ci sur la rive Asiatique, nous sur la rive Européenne, assurerons mieux qu'une seule puissance la liberté des Détroits, « liberté que semble redouter l'Angleterre à cause de la Russie » ;

7° Nous ne prendrons que ce qui nous plaira de la Dette Ottomane, après avoir été remboursés de nos dépenses et pertes de guerre et de l'entretien des prisonniers.

Que répondra l'Europe?

Si elle veut exercer une pression militaire, elle ne sera pas unanime. En France, l'opinion publique ne la permettra pas ; en Russie, ce sera la révolte de l'armée et de la nation.

L'Autriche-Hongrie marchera-t-elle seule ? grave problème, à cause de la force des Alliés et de la Russie.

Reculera-t-elle ? l'effet sera désastreux pour ses populations slaves qui se soulèveront de suite.

Déchaînera-t-on alors la guerre générale plutôt que de rester dans le « statu quo » impossible ; mystère, on ne sait pas.

Ce ne sera pas tout. Le plan des alliés est plus grandiose encore et on peut en dire quelques mots.

On sait chez eux que les nationalités diverses asiatiques de l'Empire Turc aspirent à leur indépendance, ou tout au moins à leur autonomie ; « et que les Turcs ne pourront les empêcher de l'acquérir aussitôt après la guerre, s'ils ne la leur accordent pas eux-mêmes de leur propre gré. » On sait aussi que la Turquie, qui sera demain en Asie, n'a plus aucun fond à faire sur ses soi-disant amis d'Europe et qu'elle doit tout redouter. On n'ignore pas non plus qu'elle a une grande estime pour ses adversaires d'aujourd'hui.

De tous ces faits, il résultera qu'avec l'appui des Alliés, les Arméniens, Syriens, Kurdes et Arabes formeront des groupements indépendants, « conserveront une alliance étroite avec la Turquie d'Anatolie » dont le Sultan restera toujours le chef religieux de l'Islam, et constitueront ainsi « une confédération des peuples d'Asie » confédération nécessaire pour arrêter les empiétements et mettre un frein aux convoitises de l'Europe. Auprès d'eux, leur soutien, seront les Balkaniques dont la force sera accrue par toutes ces forces réunies.

Tous ont compris là-bas la nécessité d'adopter cette solution et ce sera la meilleure réponse de tous ces peuples d'Europe et d'Asie jusqu'ici bafoués et joués, aux prétentions inadmissibles des Grandes Puissances.

Telle est l'œuvre grandiose à laquelle nous assisteront demain.

EUGÈNE JUNG.

PIÈCE N° 6

Les solutions d'un grand conflit
(Journal *L'Egypte*)

(De notre correspondant particulier)

Paris, 4 avril 1913.

L'Europe a consommé l'attentat en décidant du haut de sa grandeur la démonstration navale contre le Monténégro. Cela prête à rire car le résultat sera nul.

Bientôt Scutari sera pris et les Autrichiens, s'ils tentent une descente trouveront devant eux 60.000 Monténégrins et 30 à 50.000 Serbes. Cent mille hommes suffiront, disent les dépêches, à venir à bout de ces valeureux soldats. Il faudra, croyons-nous, y ajouter deux cents mille autres, car le pays est terrible. Puis, n'y aura-t-il pas l'à-coup prévu, la révolte de la Russie contre cette incursion sauvage, la protestation effective des Alliés ?

N'oublions pas que la Grèce a groupé plus de 70.000 hommes à Salonique ; que de là elle va directement en chemin de fer aux confins du Sandjac de Novi Bazar. Certains ont prétendu que ces troupes étaient destinées à une attaque contre la Bulgarie au moment du partage des territoires conquis ; ils prennent leurs désirs pour des réalités.

Nous marchons à pas de géants vers le conflit général. La rente est à 86 fr. 20, c'est tout dire.

En dehors de ces questions de Scutari, Albanie, Dardanelles, en plus des solutions à attendre sur le protectorat religieux, la dette ottomane, les chemins de fer, l'indemnité de guerre, les Sporades, la Crète, Samos, Mitylène, où chaque Puissance a des intérêts contraires, il y a l'Asie Mineure.

La presse parisienne semble obéir à un mot d'ordre du Quai d'Orsay ; elle se refuse formellement à en parler. Inutile d'insister, son mutisme est absolu.

Dans toute la grande presse française je n'ai rencontré qu'un seul journal où tout est dit impartialement, et dont le correspondant parisien, M. Charles Vellay, que je ne connais pas, me paraît exposer des vues très justes. C'est *La Dépêche de Toulouse.*

Voici un article, dont l'importance n'échappera à personne et dont il serait heureux que le gouvernement ottoman s'inspirât sur l'heure. Il est à méditer et vient à l'appui de ce que j'ai écrit l'autre jour.

LE FEDERALISME OTTOMAN

« *La fin de plus en plus prochaine de la guerre balkanique met au premier plan la réorganisation administrative, politique, militaire et financière de l'empire ottoman.*

« *C'est là une question à la fois très vaste et très complexe où l'entente européenne aura souvent l'occasion de manifester sa solidité et où il lui faudra résister à bien des tentations et échapper à bien des pièges. On peut même dire que par certains côtés la réorganisation ottomane sera un problème plus difficile à résoudre que les affaires balkaniques parce que, dans cette seconde phase, l'Europe n'aura pas pour la tirer d'embarras dans les heures critiques l'intervention militaire des petits Etats. La partie se jouera entre les puissances européennes et entre elles seules.*

« *Nous verrons assez brusquement l'Autriche passer au second plan et se contenter de mener à bien la conquête politique de l'Albanie par le jeu de son protectorat catholique et la conquête économique de Salonique par l'absorption graduelle des chemins de fer orientaux.*

« *Par contre, nous verrons l'Allemagne revenir au premier plan et jouer dans ces nouvelles discussions le rôle décisif, autoritaire et triomphant que l'Autriche a joué jusqu'ici pendant cinq mois.*

« *Il faut bien reconnaître que cette réorganisation ottomane, de quelque façon qu'on l'envisage, ne peut, en effet, s'accomplir qu'avec la collaboration active de l'Europe. Mais cette collaboration ne sera point désintéressée et tout fait prévoir qu'elle donnera lieu à des rivalités d'influence et à des interventions d'un*

*caractère assez prononcé pour que l'accord ne soit
pas facile.*

*« On peut mesurer aujourd'hui quelle faute immense et irréparable a commis le régime jeune-turc
en poursuivant une politique d'unification et de concentration au lieu de respecter dans la plus large
mesure possible les traditions, les mœurs, la religion
et la langue de chacun des peuples dont l'assemblage
constitue l'empire ottoman. Cette politique tyrannique et néfaste a poussé à l'extrême les tendances séparatistes des grandes régions de l'empire et il suffit
d'écouter aujourd'hui l'agitation grandissante qui se
manifeste en Arabie pour constater que les résultats
intérieurs auxquels a abouti la guerre balkanique ne
sont pas plus heureux que les résultats extérieurs.*

*« Les Arabes, les Syriens, les Arméniens, les Kurdes eux-mêmes réclament avec énergie leur autonomie administrative et ils ne consentent à rester enfermés dans les limites de l'empire que si un régime
de décentralisation et de fédéralisme succède sincèrement au régime dont ils ont tant souffert. Cette concession politique, qui serait funeste dans un État
occidental, est ici la seule qui offre quelque sagesse.
La paix ne renaîtra dans ces pays troublés que le
jour où les rivalités de races et de religions disparaîtront et ces rivalités elles-mêmes ne disparaîtront
elles-mêmes que le jour où chaque agglomération
ethnique ou religieuse aura conquis la liberté de
s'administrer selon ses désirs, ses traditions ou ses
tendances.*

*« A l'heure présente, beaucoup d'hommes d'État
ottomans eux-mêmes reconnaissent que c'est là seulement qu'est le salut de l'empire. Et c'est dans ce
sens que l'Europe doit orienter l'effort de la nouvelle
Turquie ».*

La dernière phrase ne me semble pas très bonne :
si la Turquie, pour agir, attend de se conformer
aux désirs de l'Europe, elle sera complètement démembrée avant d'atteindre ce résultat. L'Europe,
tout d'abord, sera loin d'être unanime, chacun ayant
des appétits en éveil.

Ce qu'il faut — et un brave patriote ottoman me le
répétait hier — c'est se hâter. Si, de suite, sans
attendre la paix, la Turquie accorde l'autonomie la
plus complète, la liberté, à ses peuples d'Asie Mineure, si elle leur demande leur appui militaire et
financier en faisant ressortir que, unis, ils pourront

résister victorieusement aux convoitises des Puissances et assureront ainsi la continuité du prestige de l'Islam, si également ils signent la paix et demandent l'alliance avec les Balkaniques, alors la confédération d'Asie Mineure sera une force, et la Turquie où réside le Calife, restera une grande puissance politique et religieuse.

Mon patriote ottoman exprimait la crainte que les Jeunes Turcs, illusionnistes, ne comprissent pas la question ou voulussent rester dans leurs vieilles idées de conquérants. J'en ai peur également. Ce sera alors la fin de la Turquie et le changement du califat.

Il eut été bon que la France et la Russie prissent immédiatement l'initiative de faire cette démonstration à la Porte. Je ne crois pas qu'on voulût avoir le temps d'y penser soit à Paris, soit à Saint-Pétersbourg, et ce sera regrettable. D'ailleurs, y veut-on quelque chose ? Voici un article d'hier,, toujours dans la *Dépêche de Toulouse* qui précise ces faits et ce que nous n'avons cessé d'écrire depuis des mois :

« *Récapitulons les principales victoires de la diplomatie autrichienne depuis six mois, car ce sera pour nous un éclaircissement pour l'avenir.*

« *Tout d'abord, l'Autriche a exigé que la Serbie ne pût pas obtenir un port sur l'Adriatique et cette exigence a triomphé non seulement de la Serbie mais encore de toute l'Europe.*

« *L'Autriche a ensuite exigé que les chemins de fer de la vallé du Vardar fussent soumis à un régime spécial et elle a obtenu satisfaction sur le principe, en attendant d'obtenir satisfaction dans la réalité.*

« *Elle a encore exigé que les limites de l'Albanie fussent démesurément reculées vers le nord-est et l'Europe s'est inclinée.*

« *Elle a demandé que le siège de Scutari fût suspendu et l'Europe y a consenti, violant ainsi de la façon la plus manifeste la neutralité à laquelle elle était tenue.*

« *Elle a exigé que les puissances européennes s'associassent à elle pour menacer le roi Nicolas et l'on a vu ce spectacle odieux de cinq grandes puissances s'unissant pour écraser un État minuscule et impuissant.*

« *Aujourd'hui enfin, elle demande que l'Europe s'unisse à elle pour exécuter les menaces d'hier. Et,*

*celle fois, il semble bien que l'Europe soit indécise
et un peu honteuse.*

*« Or, dans cette circonstance, l'attitude de l'Autri-
che est si logique qu'on se demande d'où viennent
les scrupules tardifs qui se manifestent en Russie ou
en France et comment il serait possible de les expliquer. Ce n'est pas, en effet, aujourd'hui, que l'Europe
doit s'étonner ou s'indigner de l'attitude de l'Autriche. C'était à l'origine même du conflit qu'il fallait
savoir imposer au gouvernement de Vienne un peu
de modération et de sagesse.*

*« Quand la Russie déclare qu'elle s'associera à une
intervention diplomatique auprès du Monténégro,
mais non pas à une démonstration militaire, elle fait
preuve d'une illogisme singulier, car la démonstration navale n'est que la conséquence normale et nécessaire de l'intervention diplomatique. Dire qu'on
considère l'intervention diplomatique comme légitime,
mais que la démonstration militaire qui doit suivre
en cas d'insuccès ne l'est pas, c'est se contredire soi-
même et enlever par avance à l'action diplomatique
toute raison et toute vertu.*

*« L'opposition de la Russie comme celle de n'im-
porte quelle autre puissance, n'a aujourd'hui aucune
raison d'être. C'était hier qu'il fallait faire preuve
de clairvoyance et de fermeté. Aujourd'hui, en refu-
sant de s'associer à l'action de l'Autriche, les puissances n'ont plus le droit de considérer cette action
comme injuste puisqu'elles ont admis, favorisé et soutenu le principe et elles comblent les vœux de cette
même Autriche en la laissant agir seule et sans
contrôle.*

*« Tout ce qui arrive aujourd'hui est la conséquence
inévitable, fatale, d'une faute initiale, de la faiblesse
révoltante de l'Europe dans la question du port serbe
sur l'Adriatique. Le jour où l'Autriche a, dans cette
circonstance, mesuré sa force à la timidité des autres
puissances, elle a compris qu'avec un peu d'audace
et de persévérance elle pourrait impunément tout
exiger et tout obtenir. Et cela prouve, une fois de
plus, qu'en diplomatie les fautes que l'on commet
ne peuvent jamais se réparer et deviennent la source
de toute une série de nouvelles fautes ».*

Ah ! — répétons-le, — combien Edouard VII manque à la Triple Entente (si toutefois il y a encore
une Triple Entente) ! Seul, il aurait su diriger avec
l'autorité voulue la politique extérieure de ce grou-

pement qui n'a à sa tête aujourd'hui qu'un empereur indécis et des personnalités de second plan.

Il faudrait un homme. Où le prendre et le placer de suite très haut ?

EUGENE JUNG.

PIÈCE N° 7

Paris, le 8 avril 1913

A Messieurs les Membres du Gouvernement
de la République Française, Paris,

Messieurs les Ministres,

De la part du Comité de Réformes de Syrie et Palestine et du Comité National Arabe, j'ai l'honneur de vous soumettre les considérations suivantes et des propositions dont la haute portée politique ne vous échappera pas.

Pour ne pas porter un coup désastreux à l'Islam, dont le Sultan de Turquie est malgré tout le Calife, les Arabes n'ont pas voulu accentuer pendant la guerre leurs réclamations, faisant preuve ainsi d'un loyalisme religieux remarquable, et bien que leur désir soit profond de changer de régime.

Toutefois ils ont adressé à la Porte leurs demandes de réforme, basées sur une large autonomie. Il ne leur a pas été répondu. Ils se sont tournés alors vers l'Egypte et l'Angleterre. J'avais déjà signalé ce danger en novembre dernier, et le Gouvernement avait échangé des vues et des promesses avec Londres. Cependant, se sentant ou se croyant abandonnés par la France, les Arabes ont accentué leur mouvement vers la Grande-Bretagne qui est supérieurement servie par des agents actifs disposant de moyens puissants. L'attitude des Anglais est neutre, mais je sais qu'après la guerre, les tendances des Arabes s'accentueront de façon à remettre leur pays à leurs voisins d'Egypte par un moyen déjà étudié.

En même temps, et presque aussitôt la paix signée, un conflit est plus que probable entre l'armée turque et les troupes arabes qui forment maintenant la majorité.

Telle est la position de la question.

Voici maintenant les propositions.

Faisant montre d'un haut esprit pratique et d'une connaissance supérieure des contingences extérieures, craignant les ingérences étrangères diverses, mettant de côté leur haine ancestrale contre leurs oppresseurs, désireux de rester eux-mêmes et de laisser à l'Islam sa puissance et sa direction, les chefs du mouvement arabe, sans distinction d'opinion et de religion, ont envisagé une solution simple.

Ils demandent que dès aujourd'hui, avant la paix, dans le plus bref délai possible, la Turquie accorde à l'Arménie, à la Syrie, à la Mésopotamie, aux Arabes, la plus complète autonomie administrative et législative sans aucune ingérence de sa part. Ces nationalités autonomes donneront par contre à la Turquie la plus grande contribution financière possible et l'armée qui restera celle de l'Empire Ottoman. Ils reconnaîtront le Sultan comme chef politique et religieux et seront représentés au Parlement Ottoman.

Ils disent que de la sorte la Turquie restera une grande puissance, à l'abri des révoltes intérieures et des compétitions de diverses nations qui amèneraient tôt ou tard des conflits généraux.

Ils demandent que la France et la Russie, les plus intéressées, fassent avec l'Angleterre, qui ne se dérobera certainement pas, une démarche immédiate auprès de la Porte en lui faisant ressortir l'importance et la nécessité de ces concessions légitimes.

Ils ajoutent que c'est une question d'une urgence absolue pour l'Islam, et aussi pour la France et la Russie.

Ils ont également la conviction que la Turquie devrait signer de suite la paix, même en laissant Rodosto à la Bulgarie, et aurait avantage à passer un traité d'alliance avec la Confédération Balkanique, constituant ainsi, sous l'égide de la France et de la Russie, une force énorme qui barrera désormais la route aux entreprises de la Triplice.

Français de cœur et d'éducation, ils estiment que c'est la seule manière de servir la France et de lui montrer leur affection.

Ils espèrent que le Gouvernement de la République voudra bien prendre leurs vues en considération et leur faire connaître les décisions intervenues, car le temps presse et ils veulent prendre leurs dernières dispositions pour agir si on les abandonne.

Je serai infiniment reconnaissant à Messieurs les Membres du Gouvernement de bien vouloir examiner attentivement ces propositions si sages et si modérées et de me mettre à même de donner à mes amis plus que des paroles d'espoir. Dans des moments aussi difficiles, où tout change et se modifie avec une rapidité inconcevable, les actes seuls ont un effet sur les peuples.

J'aurais voulu n'avoir à saisir de cette affaire que M. le Ministre des Affaires Étrangères ; mais je n'ai pu le rencontrer. Son Cabinet m'a déclaré que toute communication devait d'abord être portée dans les bureaux, à la direction d'Orient.

J'ai estimé que des affaires aussi confidentielles et aussi graves n'étaient tout d'abord que du ressort du Ministre lui-même, et c'est pourquoi, pour remplir le mandat dont j'étais chargé et dégager ma responsabilité envers mes amis et celle de mes amis pour l'avenir, il valait mieux en saisir le Gouvernement tout entier.

J'ajoute enfin que l'exemple donné par les Balkaniques doit être un exemple profitable, que l'Europe ne peut plus compter sur l'application de ses volontés, contraires si souvent aux désirs des peuples opprimés, qui décident alors eux-mêmes de leur sort, quitte à déchaîner les pires catastrophes. La raison du plus fort n'est plus la meilleure, car le soi-disant faible sait et veut se défendre. Il n'y a plus en effet de petits peuples ; ceux-ci se sont entendus et s'entendront pour constituer une grande nation.

Veuillez agréer, Messieurs les Ministres, les assurances de mes sentiments les plus distingués.

E. JUNG.

PIECE N° 3

Le secret postal en Syrie

Du journal *L'Egypte* :

Notre confrère *l'Ahram*, a publié une lettre d'*un Syrien ami de la France*, où ce dernier cite une nouvelle donnée par nous, et émanant de notre correspondant de Beyrouth. Cette nouvelle était relative à l'interdiction des journaux égyptiens : *Al-Mokat-tam* et *Al-Ahram*, que le vali a prié le consul général de France de ne plus laisser distribuer par la poste française. (Celle-ci a obtempéré). Nous protestons contre une mesure qui atteint toute la presse dans nos confrères arabes.

L'*Ahram* dans sa réponse à cette lettre, reproduite par le *Journal du Caire*, prétend que jamais pareille mesure n'a été prise du temps d'Abd-ul-Hamid ; que la poste française a toujours été libre en Turquie, et n'a jamais consenti à faire ce qu'on lui attribue aujourd'hui.

Voici, malheureusement, autant d'erreurs que de mots. Et notre confrère est excusable, car de bonne foi, il ignore ce que nous avons connu, par expérience personnelle, et à nos dépens.

Il nous permettra donc de lui répondre que nous avons eu à nous plaindre des complaisances fâcheuses consenties par les bureaux de poste français à l'égard du Gouvernement hamidien, et par ordre de feu Constans, lequel voulait être agréable à son grand ami, le Sultan Rouge. Nous citerons par exemple, un fait, celui de l'interdiction du Journal «*Le Matin*», à Constantinople, en 1906, motivée par un article de Charles Laurent, contre Abd-ul-Hamid, après la défense qui fut faite à Sarah Bernhardt, de jouer là-bas : *Le Roi s'amuse*. Nous nous vîmes supprimer l'envoi de ce journal, et beaucoup de lecteurs ou abonnés furent dans le même cas.

On pouvait se demander à quoi servaient alors les bureaux de postes français, s'ils obéissaient aux ordres et aux rancunes des Turcs, et s'il n'en vaudrait pas mieux faire l'économie dans ces conditions regrettables.

De même, l'*Intransigeant* était alors *yassak*, en raison des attaques de Rochefort contre son vieil ennemi politique. Et l'ambassadeur avait même menacé de ses foudres les sujets locaux qui oseraient recevoir le journal mis par lui à l'index, d'autoritaire façon pour un ministre de la République.

Nous avions si peu confiance dans la poste française que lorsque nous écrivions à une personnalité politique en France nous préférions nous adresser à une poste étrangère, italienne, autrichienne, russe, ou anglaise pour être plus sûr d'éviter le Cabinet noir, et la *poche restante*. Car nous pûmes nous convaincre, à plusieurs reprises, que nos lettres avaient été l'objet d'un *contrôle* fort peu délicat, et même purement et simplement... mettons, *égarées*.

Bien entendu, ces remarques particulières ne nous étaient pas réservées à nous seul. Bon nombre de personnes purent en faire l'expérience en ce qui les concernait, comme nous-mêmes ; et à leur grand dam.

Il semblait qu'on voulût se faire pardonner chez nous, par l'Autorité turque, la licence d'avoir installé des bureaux de poste étrangers sur territoire ottoman, par une complaisance outrée et vraiment fautive, en faisant des succursales gratuites des bureaux indigènes où les cartes postales illustrées étaient supprimées quand elles représentaient des mosquées ou des femmes musulmanes.

Et qu'on n'aille pas croire que les abus postaux fussent spéciaux à la capitale ottomane où il s'en passait de toutes les couleurs.

Ainsi à Beyrouth, la poste française saisissait les correspondances pour les *personœ ingratœ*, et notre ami l'Emir Emin Arslan, aujourd'hui Consul Général de Turquie à Buenos-Ayres, fut ainsi victime, du temps d'Abd-ul-Hamid, des mêmes procédés dont on se plaint aujourd'hui encore en Syrie. La poste française l'avait lui aussi boycotté.

Correspondances et journaux ne parvenaient plus à leur adresse quand on était sur la liste de proscription, agréée par le triste personnel diplomatique qui représentait si mal la France, là-bas.

Notre directeur pourrait dire également que la poste de Beyrouth retournait à son éditeur parisien les prospectus relatifs à son ouvrage peu goûté naturellement par les séides d'Abd-ul-Hamid, et qu'elle se refusait à remettre aux destinataires, de peur de déplaire au gouvernement du Grand Seigneur qui cherchait même à tyranniser et à espionner les loges maçonniques à Paris

Il est donc inutile de multiplier les exemples, mais il était nécessaire de rappeler à qui de droit que ce n'est pas d'aujourd'hui que nos représentants en Orient se sont aplatis devant le Pouvoir local, plus encore qu'aux temps lointains, où le Sultan donnait audience à l'Ambassadeur, roumi et lui faisait servir un repas, après lequel il demandait « si le *Chien* avait mangé ! » A quoi, on lui répondait : « Oui, le *Chien* a mangé ! »

Le Syrien ami de la France s'étonne que la politique française en Orient soit descendue à un tel degré , et le consulat général de France ne lui paraît pas tout à fait indépendant dans ses idées et dans ses actes, en se faisant l'instrument des autres. Nous nous en sommes aperçus déjà, comme lui, depuis longtemps, en Turquie.

Mais nous espérons que les faits connus enfin en France feront inviter ceux qui ont l'honneur de la représenter en Turquie à une plus saine appréciation de la dignité du Pays, et de leurs devoirs professionnels pour mieux soutenir le prestige et l'influence de la France en Orient.

ALBERT LECOINTRE.

PIECE N° 9

Le Problème d'Asie-Mineure

M. Eugène Jung, correspondant à Paris du journal l'Égypte, publié au Caire sous la direction de M. Negib Azoury Bey, ancien adjoint au gouverneur de Jérusalem et un des promoteurs du parti national arabe, a bien voulu nous communiquer un article du plus haut intérêt qu'il a fait paraître dans le numéro d'hier de cet organe. Plus qu'auparavant, peut-être, le problème turc préoccupe l'opinion publique par ses obscurités et par les discussions âpres auxquelles donne lieu le partage des influences en Asie Mineure. A ce titre, l'article très documenté publié par l'Égypte ouvre des horizons nouveaux sur la question et permet même d'envisager une solution élégante à toutes les complications qui se préparent. Celle-ci paraît, tout au moins, avoir l'avantage de favoriser au plus haut degré possible les intérêts de la Triple Entente, en général, et de la France en particulier.

Nous n'hésitons donc pas à reproduire dans nos colonnes, avec l'autorisation de son auteur, l'article en question (Revue Le Marché) :

Le chancelier de l'empire d'Allemagne a déclaré, dans son discours du 9 courant au Reichstag, que la lutte internationale relative à l'Asie Mineure se limitait à des questions économiques et que celles-ci se résolvaient par la création de sphères d'influence nettement déterminées, grâce à des ententes conclues ou en préparation. La Russie se borne à demander des réformes en Arménie ; l'Angleterre va s'entendre avec l'Allemagne pour déterminer son lot, et la France est sur le point de passer une convention avec sa voisine ou de rompre ; quant à l'empire ottoman, il conserve son intégrité nullement discutée par les grandes puissances, mais, au contraire, hautement protégée par toutes.

Cet exposé si sage et si clair doit rassurer le monde et l'on aurait mauvaise grâce à penser le contraire. Cependant le problème apparaît tout autre à des esprits non superficiels qui ne se contentent pas des paroles diplomatiques d'un chancelier ou d'un ministre des Affaires Étrangères. Il semble, en effet, que la situation n'est pas aussi nette ni aussi exempte de dangers. L'intégrité de la Turquie a trop souvent été prônée la veille même de chacun de ses démembrements pour que l'on puisse croire aux engagements des nations intéressées à son partage.

Examinons attentivement les faits.

La mainmise militaire allemande sur la Turquie est reconnue dès aujourd'hui comme chose accomplie ; si l'on y ajoute les innombrables concessions allemandes dans l'empire turc, les intérêts économiques grandissants des Teutons, en dehors même du Bagdad, on se rend compte que le Kaiser aurait tort de réclamer une occupation effective du pays, ce qui lui coûterait cher. Il est, comme nous l'avons toujours écrit, installé dans un fromage, et entend y demeurer.

La Russie se contente de l'Arménie et des réformes promises qui lui assurent une grande prépondérance dans ces régions. Elle y pénètre peu à peu, par influence.

L'Angleterre a comme visée de réunir l'Egypte au Golfe Persique, par une ligne presque droite et d'asseoir son autorité sur toute l'Arable ; si elle est tranquille de ce côté, ou si elle suppose que momentanément elle n'aura aucun conflit à craindre pour la réalisation de ses espérances, elle est prête à toutes les concessions. C'est ainsi qu'elle est en coquetterie avec l'Allemagne, l'Autriche et l'Italie, faisant une politique personnelle en dehors de ses ententes cordiales. Entente ne signifie pas alliance et n'exclut pas la possibilité d'accords intimes qui concordent avec ses vues. On en a bien eu le perception avec la question de l'Epire et de l'Albanie où les délégués anglais se sont toujours trouvés du côté de la Triplice.

La France cherche à délimiter son champ d'action en Syrie, où la Grande-Bretagne a promis l'année dernière de ne plus rien chercher à entreprendre, sans toutefois lui promettre aide et assistance contre ses futurs voisins, l'Italie et l'Allemagne qui seront toujours prêts à empiéter sur le territoire d'un occupant craintif.

L'Italie, en faisant le jeu de l'Angleterre, cherche à conserver tout au moins à bail, certaines îles de la mer Egée et à obtenir de définitives concessions au nord de la Syrie, dans la riche et cotonnière Cilicie.

L'Autriche, sans avoir de vues directes sur le continent asiatique, n'oublie pas Salonique. Elle veut y aller et aura le concours de ses amis et de Londres.

Chacun se trouve donc dans une position d'attente; chacun se surveille et prépare ses batteries. Qu'en va-t-il résulter ?

La question épirote devient menaçante ; les Grecs de cette contrée sont décidés à se défendre contre le soi-disant gouvernement albanais qui sera appuyé par les forces italiennes, autrichiennes... et anglaises ? L'intervention de la Grèce, malgré son roi, n'est pas douteuse ; on ne résiste pas à la poussée d'un peuple. La Serbie interviendra, sans aucun doute, ce sera la grande guerre.

La Turquie voudra en profiter pour regagner une partie de la Macédoine, tout en laissant la ligne de Salonique à ses alliés tripliciens.

La Bulgarie se ralliera certainement aux Serbes, maintenant que la sagesse des électeurs a fait comprendre au roi ses erreurs, ou restera neutre.

Mais la Russie ? Mais la France ? Resteront-elles simples spectatrices ?

Et l'occupation de l'Asie Mineure ne suivra-t-elle pas cette prise d'armes ?

Même si, par un artifice diplomatique quelconque, on parvient à écarter le conflit de l'Epire, la situation de l'Asie Mineure est pleine de dangers. Un rien peut mettre le feu aux poudres ; des troubles arabes gagnant la Syrie et la Mésopotamie et provenant de l'intérieur, par exemple, ou la nécessité de trouver un dérivatif aux mouvements musulmans si inquiétants de l'Inde.

La Turquie sera vite submergée et annihilée. Elle n'existe déjà plus, de fait. Si ses gouvernants voulaient reprendre conscience des réalités et ne pas se bercer de douces illusions engendrées par leur alliance avec un grand empire, ils devraient prendre de suite de sages résolutions.

Il est peut-être osé, pour un simple écrivain, de présenter un système à ces grands seigneurs ; mais on peut toujours le dire, puisqu'il ne sera pas suivi. Les Turcs, on le sait, sont inquiets des réclamations arméniennes et arabes, soutenues par les uns et les autres ; ils ont une certaine appréhension des conséquences qu'elles peuvent avoir auprès de certains éléments de leur armée, et des interventions de grandes puissances.

Pourquoi, de leur plein gré, ne donneraient.ils pas, sans plus tarder, l'autonomie la plus absolue à ces deux peuples et ne les constitueraient-ils pas en royaumes ou principautés vassales ? Ils se feraient ainsi des alliés reconnaissants et fidèles dont les intérêts deviendraient solidaires des leurs, et qui sauraient résister aux empiètements des étrangers dont la politique actuelle est de diviser les races et de profiter de ce manque de cohésion pour régner. En donnant aux Arabes et aux Arméniens le sentiment national, ils s'attireraient la sympathie de ces peuples opprimés, ils auraient l'appui des autres Arabes d'Arabie et pourraient s'opposer à toutes les convoitises. Ce serait là un beau geste, une noble action ; ce serait aussi pour les Turcs le seul moyen de sauver leur patrie.

Si les Jeunes Turcs ne cherchent qu'à jouir du pouvoir, s'ils s'illusionnent sur les sentiments amicaux et protecteurs de la Triplice et ne veulent pas agir, alors il n'y a qu'à les laisser perdre leur pays, ce qui sera chose faite avant très peu de temps.

Mais la France ? la Russie et même l'Angleterre ? N'ont-elles pas intérêt à voir se constituer des nations dans cette Asie Mineure partagée en dépit de toutes les notions ethniques ? Ne risquent-elles pas de se voir mêlées à un grand conflit avec les autres compétiteurs d'abord, et ensuite d'assister à des convulsions intérieures des peuples qu'elles se seront partagées avec les autres et qui voudront se réunir quand même ?

Ne serait-il pas plus avantageux pour la Grande
Bretagne d'avoir avec elle tout un empire arabe, digue formidable aux empiètements teutons ? Je sais
bien qu'elle envisage la disparition de la Turquie,
qu'elle y pousse sans en avoir l'air avec ses arrangements avec l'Allemagne, et que ce jour elle aura
à La Mecque le Commandeur des Croyants, un Arabe;
mais ne sera-t-il pas trop tard pour ses musulmans
de l'Inde qui s'agitent fort et obéissent pour le moment aux injonctions du Sultan de Constantinople
qui reçoit les inspirations de Berlin ?

Entre parenthèse, on peut dire que cet événement
aurait pu se produire l'année dernière, et c'eût été
une bonne chose. L'Angleterre y aurait gagné en
force. De même la France n'aurait plus eu à craindre
de propagandes néfastes dans ses possessions musulmanes. Elle a eu même en mains, fin 1912, croyons-
nous, tous les éléments utiles pour faciliter ou laisser
s'opérer cette reconstitution d'une Arabie autonome
et l'on peut juger aujourd'hui combien cette unité
arabe servirait de frein à des ambitions démesurées
et contraires, et serait un empêchement absolu à un
partage dangereux et rempli d'écueils. Il fallait voir
loin et juste ; en un an, le péril est devenu imminent
pour la France qui risque de rester seule en Méditerranée en face d'indifférents d'une part, et d'ennemis résolus de l'autre ; elle y perdra la Syrie et
aura de la peine à se maintenir en Afrique, à moins
que, par un sursaut d'énergie, revenant aux jours
épiques de 93, elle ne fasse front partout et ne gagne
la partie. Ceci, nous l'espérons, sans toutefois ne
pas regretter l'absence d'un geste ou mieux le nonvouloir de prononcer un mot en décembre 1912.

Il ne reste plus, comme ressource dernière, pour
le plus grand bien de la Turquie, aussi bien pour la
sécurité présente et future de la Russie, de la France
et, quoi qu'elle en pense pour le moment, de l'Angleterre, qu'à espérer en un sage esprit politique des
Jeunes Turcs. En procédant comme nous l'avons dit
plus haut, mais sans tarder, ils éviteront une catastrophe, ils redeviendront forts, ils pourront parler
haut, ils vivront. Le voudront-ils ?

EUGENE JUNO.

PIECE N° 10

Le Pèlerinage du Khédive

> Du journal *L'Egypte* :

Nous avons déjà exposé dans ce journal la situation de l'Arabie où le gouvernement turc n'a qu'une autorité presque nulle, et où la lutte contre lui est engagée depuis longtemps, en particulier dans le Yémen.

Or, le pèlerinage que vient d'entreprendre le khédive Abbas Hilmi à la Mecque excite la défiance du cabinet de Constantinople, qui a enjoint au gouverneur du vilayet du Hedjaz de surveiller étroitement le vice-roi d'Egypte, déjà accusé pendant son récent séjour à Stamboul, de menées subversives, comme jadis Ibrahim pacha rêva de substituer son père au sultan.

Ce voyage du souverain égyptien aux lieux saints de l'Islam fait grand bruit en Orient, et certes, avec quelque raison si l'on se rappelle que le programme du parti arabe se proposait d'offrir la royauté de l'Arabie à un prince de la famille Khédiviale (qui descend du Prophète). On sait que, dans l'Asie Mineure, certaines régions n'ont pas accepté le *fetva* de déposition d'Abd-ul-Hamid, signifié par quatre membres du Parlement, parmi lesquels se trouvait un député juif et franc-maçon (ce que d'aucuns ont blâmé comme une atteinte au prestige du khalifat que l'ancien sultan réunissait en sa personne à la qualité de chef temporel). Or, comme le remarque notre excellent confrère, le docteur Samné, dans la *Correspondance d'Orient*, aucun khédive d'Egypte n'avait jamais jugé à propos d'aller à la Mecque, malgré la proximité de la Ville Sacrée .

Ce voyage à grand fracas est donc beaucoup plus politique que religieux, disent d'aucuns. On laisse entendre qu'Abbas Hilmi caressait la réalisation d'un rêve : le khalifat de l'Islam, en se montrant aux populations de l'Arabie, escorté d'un imposant cortège, destiné à faire impression sur des tribus en révolte constante contre la Porte dont elles méprisent l'autorité et qui considèrent le nouveau régime turc comme peu orthodoxe, ainsi que l'a fait la contre-révolution turque d'avril 1909. On prétend aussi que le khédive doit être d'accord, dans l'espèce, avec le gouvernement britannique qui ne lui aurait pas donné son assentiment pour entreprendre ce voyage, si cela ne lui eût été agréable et utile.

Ces considérations sont suffisantes pour expliquer la défiance manifestée par le gouvernement ottoman et les mesures prises par lui pour surveiller le khédive dont le but exclusivement pieux paraît suspect à Constantinople, bien qu'en principe tout bon musulman doive accomplir le pélerinage à la Mecque une fois au moins dans sa vie. Déjà en 1813, Toussoun, fils du khédive Méhémet Ali, était entré à la Mecque, avec 8.000 soldats.

Et il convient ici de rappeler ce que nous écrivions dans la *Presse Coloniale*, le 14 septembre dernier, sous ce titre : le *Réveil de l'Arabie*.

« C'est au commencement de 1904 que le parti national arabe a été fondé en Syrie et que des comités se sont organisés rapidement en Palestine, en Syrie et en Mésopotamie, en vue de soustraire ces pays au joug ottoman. Et c'est en décembre 1904 que ce parti national a lancé des proclamations à tous les Arabes de la Turquie, puis en janvier 1905, un manifeste a été adressé aux puissances étrangères. »

Par ces documents, le comité national arabe déclarait vouloir constituer un Etat indépendant s'étendant de la vallée du Tigre et de l'Euphrate jusqu'à l'isthme de Suez, et depuis la Méditerranée jusqu'à la mer d'Oman. Ce nouvel empire arabe sera gouverné, disait-il, par la monarchie constitutionnelle et libérale d'un sultan Arabe.

Le vilayet du Hedjaz formera avec le territoire de Médine, un empire indépendant, dont le souverain sera, en même temps, le Calife religieux de tous les Musulmans.

(Donc, séparation du pouvoir civil du pouvoir religieux dans l'Islam, suivant ce programme). Et le Comité national arabe dénonçait le péril pour la patrie arabe résidant dans la construction du chemin de fer de Bagdad et de celui du Hedjaz qui serviront, disait-il, à dompter le Hauran, le Yémen, l'Irak et le Nedjed.

Déjà, depuis longtemps les révoltes se sont produites en Arabie, et l'esprit nouveau des jeunes Arabes instruits dans les écoles européennes et au courant des progrès modernes a contribué à faire oublier

les anciennes querelles intestines, à révéler le sentiment de la nationalité chez ces peupls où les diffé-
rences religieuses et l'ignorance la plus absolue
avaient longtemps entretenu les divisions.

Rappelons encore les défaites subies par le maré-
chal du 6ᵉ corps d'armée turc, Feizi pacha en 1904,
à Riad, puis à Sanaa en mai 1905, les succès de
l'émir Mahmoud-Yahia, chef des insurgés du Yémen
(qui avec l'Assir a une population de plus d'un mil-
lion d'hommes). Mahmoud-Yahia, d'ailleurs le véritable descendant du Prophète, a été reconnu par les
tribus de l'Yémen pour leur chef religieux en 1905.

Comme le remarque M. *Eugène Jung* dans son
livre : *Les puissances devant la Révolte arabe (la
Crise mondiale de demain)*, un fait assez curieux,
le même phénomène s'est reproduit à cent ans de
distance.

De 1801 à 1805, Séoud II et son fils Abdallah ont
pris la Mecque et Médine, et constitué un grand empire arabe. Or, il y a 4 ans, des événements identi-
ques ont eu lieu, dans ce pays. On se souvient que
Méhémet-Ali avait voulu créer de nouveau le grand
empire arabe en 1832. De même, Midhat pacha, vali
de Damas, en 1878, et père de la constitution ottomane conçut le projet de fonder à son profit un
kédivat. Abd-ul-Hamid l'en empêcha en le faisant
décapiter à Smyrne.

On voit que depuis longtemps, les velléités d'indépendance se sont manifestées en ces contrées, où
d'ailleurs, l'autorité du sultan est simplement une
expression nominale, géographique, en beaucoup
d'endroits. Maronites du Liban, Druses du Hauran
Ansarien du Djebel-Akar, Yézidis du Sindjar, Kurdes, Arabes nomades d'Asie Mineure, entre Damas,
Alep et Biredjik sur l'Euphrate, depuis Palmyr jusqu'à la mer d'Oman, dans la Mésopotamie jusqu'à
Bassorah, aux montagnes du Kurdistan et à la frontière persane ; sur le littoral du Golfe Persique et
de l'Océan Indien jusqu'à Aden, dans le Yémen,
partout les tribus sont indépendantes et autonomes.
Dans le Hedjaz, l'autorité du vali turc n'est guère
reconnue que par les douaniers turcs de Djeddah et
de Yambo.

Enfin, l'Arabie centrale toute entière est complètement indépendante et la Turquie n'a jamais pu y
faire pénétrer son autorité.

On dit que récemment des attaques se sont pro-

duites contre la ligne du Hedjaz, qu'il faut protéger
à l'aide de troupes, comme nous avons vu, il y a
plusieurs années, la voie ferrée depuis la frontière
bulgare jusqu'à Constantinople gardée militairement.
Ceci prouve que les tribus arabes se méfient d'un
chemin de fer dont l'intérêt est stratégique plus que
religieux, à leur point de vue.

Quant aux puissances étrangères, on sait que l'Angleterre, la France et la Russie qui ont des sujets
musulmans ont créé des consulats à Djeddah, afin
de défendre leurs intérêts. Et l'on sait aussi qu'en
1858 et en 1895, eut lieu le massacre de ces consuls
dont on espérait ainsi amener la suppression en raison de l'insécurité locale créée pour les besoins de
la cause.

Mais l'Angleterre, en particulier, a de très grands
intérêts dans ces vastes contrées, où au seul point
de vue commercial, elle figure pour les deux tiers
des importations et des exportations (la France occupe le deuxième rang pour les premières et le troisième pour les secondes). La navigation est en entier
entre les mains des Anglais, et la roupie est la mon-
naie officielle tout le long des côtes de l'Arabie,
d'Aden à Busrah. Lord Curzon, alors vice-roi des
Indes, a pu dire qu'il regardait la concession d'un
port sur le golfe Persique à n'importe quelle puissance comme une provocation internationale à la
guerre. Et de fait, la partie sud de la Perse, le
golfe Persique, l'est de l'Arabie et l'Oman, l'Hadramaut et de Yémen sont entièrement dans la sphère
d'influence anglaise.

Sanaa, le trône du Yémen (Koursi-el-Yémen) est
visée par l'Angleterre dont les soldats à Aden sen-
tent le besoin d'une station boisée, au lieu de vivre
dans cet *enfer* que tous ceux qui l'ont vu ont fui
avec plaisir, *quæ que ipse vidi !* La Grande-Bretagne
a donc intérêt à empêcher la main-mise des Turcs
sur l'Arabie, où elle perdrait son influence pour son
commerce et son industrie, en permettant à la Turquie de devenir une puissance militaire formidable.
Et l'Allemagne aurait par là le moyen d'accaparer
à son tour l'Arabie et de menacer les autres puissances dans la Méditerrané et l'Océan Indien.

Ces raisons majeures sont donc mises en avant
par ceux qui voient le doigt d'Albion dans le pèlerinage à la Mecque du khédive d'Egypte, et qui, dans
les mesures prises par la Porte trouvent, à la vé-

rité, une confirmation de leur opinion. Car, dit un proverbe, il n'y a pas de fumée sans feu.

Et ce n'est pas d'aujourd'hui, du reste, que les souverains égyptiens jettent un regard concupiscent sur la rive asiatique. Marco Polo raconte ainsi dans son voyage en Asie, au XIII° siècle qu'en ce temps-là, le sultan de Babylone (l'Egypte) avait fait une rude invasion en Arménie. En l'an 1200, dit-il encore, le sultan d'Egypte assiégeait Acre, le sultant d'Aden lui envoya 300.000 cavaliers et 40 chameaux. On voit que l'histoire n'est qu'un recommencement.

Albert LECOINTRE.

PIECE N° 11

L'Allemagne en Orient

Il n'est pas sans intérêt de citer ici quelques documents à ce sujet et quelques faits.

Voici tout d'abord une dépêche envoyée de Péra à l'*Echo de Paris* (12 mars 1906) :

(De notre correspondant particulier)

Péra, 11 mars.

Je viens d'avoir nue longue conversation avec un haut personnage turc très au courant des choses de la politique allemande en Orient, et l'un des amis intimes, j'oserai dire, si l'on peut employer ce mot lorsqu'il s'agit d'un diplomate, du baron Marshal von Bieberstein, ambassadeur d'Allemagne à Constantinople. Naturellement, la conversation a roulé sur la conférence d'Algésiras.

— Ce que demande l'Allemagne, m'a dit mon éminent interlocuteur, pour laisser la France libre au Maroc, c'est qu'à son tour la France, de concert avec l'Angleterre, la laisse entièrement libre dans le Levant. L'Allemagne n'a guère de visées sérieuses au Maroc. Ce n'est point, comme on l'a dit à tort, qu'elle désire avoir un port à sa disposition dans la Méditerranée. Elle sait que l'Angleterre le permettrait difficilement. Mais ce qui a poussé l'Allemagne à faire de l'obstruction contre la France, au Maroc, c'est la difficulté qu'elle éprouve elle-même à étendre son influence politique, économique et financière en Orient. A chaque pas, pour ainsi dire, elle trouve l'Angleterre ou la France qui, d'une manière ou d'une autre, entravent son expansion. »

Ces paroles ont une importance significative, au moment où l'on parle de rupture à la conférence d'Algésiras.

Les visées de l'empereur Guillaume en Orient ne sont un mystère pour personne. Ses deux voyages à Constantinople n'ont guère été des excursions de plaisir, et c'est bien de colossales affaires qu'il est venu traiter à Yildiz-Kiosk, comme, d'ailleurs, partout où il a été. Le chemin de fer de Bagdad, qui livre en quelque sorte à l'Allemagne tout le centre de l'Asie-Mineure, l'un des endroits les plus producteurs de l'Asie, est bien l'œuvre de l'impérial commis-voyageur. Tout récemment encore, une banque, de caractère nettement allemand, la *Deutsche Orient Bank* se fondait à Constantinople, avec mission de favoriser par ses capitaux l'expansion du commerce allemand.

L'envoi de nombreux instituteurs allemands suivit avec, comme corollaire, la création d'un grand nombre d'écoles.

Le commis-voyageurs et le capitaliste vinrent ensuite discrètement, la Deutsche Bank en tête ; puis une nouvelle Compagnie de navigation, la Bremer Dampfer Linie Atlas s'installa à Constantinople avec succursales dans tous les ports du Levant (1906). Enfin, la Palestinaverein prenait possession à Jérusalem de l'église et du couvent bâtis sur le terrain de la Dormition, et les Lazaristes allemands construisaient une église, une école et un hospice.

Depuis, les progrès furent immenses.

Le 11 février 1914, la *Dépêche de Toulouse* disait :

L'Insurrection en Cilicie

Paris, 10 février. — Des informations venues de Beyrouth signalent les efforts faits par l'Allemagne pour élargir le champ de son influence dans toute la Syrie septentrionale et pour gagner à sa cause les populations de ces régions. Mais ces informations, qui ne portent que sur des faits récents et localisés ne donnent qu'une très faible idée de la propagande intense et acharnée qu'ont entreprise les agents diplomatiques et commerciaux de l'Allemgane, non seulement dans la Syrie septentrionale, mais encore dans toute la Syrie méridionale jusqu'aux portes de l'Egypte. Et, chose plus grave, cette propagande n'est pas stérile. Elle se traduit par une influence grandissante qui menace d'étouffer un jour l'influence française si nous ne nous hâtons pas de comprendre le danger et de nous armer contre lui.

On sait que le chemin de fer de Bagdad n'est pas seulement, aux yeux des Allemands, un instrument de pénétration commerciale. Il est aussi — et on peut presque dire qu'il est surtout — un instrument d'influence morale et qu'il tend à conquérir la plus vaste partie de la Turquie d'Asie à la fois aux points de vue économique, diplomatique et politique. Il n'est pas une simple route entre l'Occident et l'Orient. Il annexe à chacune de ses étapes une immense région qui lui servira, en quelque sorte, d'aliment et où il s'agit par conséquent de faire surgir la prospérité, la vie agricole et industrielle. De là des travaux innombrables et variés, des créations de villages, de canaux, de routes, tout un appareil économique dont la réalisation aura pour effet d'assurer un trafic suffisant à la voie ferrée et de marquer toute l'Asie Mineure et toute l'Asie moyenne de l'empreinte allemande.

Déjà l'Allemagne considère les grandes et riches villes de la Syrie septentrionale, et notamment Alep et Damas, comme des centres d'influence allemande. Elle y a installé des consuls actifs, persévérants, tenaces, qui ne reculent devant aucun moyen pour mener à bien l'œuvre qui leur a été confiée.

Le chemin de fer de Bagdad est, depuis quelques semaines, relié à la Méditerranée par l'embranchement qui part d'Osmanieh et qui aboutit à Alexandrette. Ce port d'Alexandrette est, en ce moment, l'objet de vastes travaux effectués naturellement par une compagnie allemande. Tout y a été prévu : un port de commerce dont la profondeur sera de près de 6 mètres et un avant-port qui aura une profondeur de plus de dix mètres et qui sera destiné aux navires de guerre.

Ce dernier détail suffit sans doute à éclairer les desseins secrets de l'Allemagne sur ce port qui commande la Syrie septentrionale. Deux banques allemandes ont été installées à Alexandrette et déjà la conquête commerciale de toute la zone environnante se poursuit méthodiquement .

La situation à Alep est la même qu'à Alexandrette. Déjà on y trouve un club allemand, une école allemande, qui compte une centaine d'élèves, et un dispensaire allemand. Enfin, tout récemment, un officier de la mission militaire allemande est venu s'établir à Alep, où il a pour mission de créer et de diriger un camp d'instruction.

Il n'est guère possible de contester aujourd'hui les ambitions allemandes sur la Syrie, et les journaux de Berlin ne nous laissent aucune illusion sur l'avenir qu'ils rêvent pour cette riche partie de l'Asie. L'un d'eux écrivait, il y a quelques mois, cette phrase significative : « Si la France veut, un jour, conquérir la Syrie, il faudra qu'elle la dispute à l'Allemagne, les armes à la main. »

Et, en effet, à mesure que grandissent les intérêts allemands à Alexandrette, à Alep, à Damas, à Jérusalem, à Jaffa et dans vingt autres villes de la Syrie et de la Palestine, l'Allemagne affirme avec plus de force sa volonté de ne permettre à personne de s'opposer à ses convoitises.

C. V.

PIÈCE N° 12

Le Soulèvement des Kurdes et ses causes

Revue *Méchéroutiette*

Après les guerres extérieures, provoquées par les fautes du Comité et qui nous ont coûté plusieurs provinces, voici que recommencent les révoltes intérieures, dont le résultat ne peut que hâter le démembrement de l'Empire et mettre en danger la paix générale. Ce sont maintenant les Kurdes qui attirent surtout l'attention, et contre lesquels le gouvernement emploie sa méthode habituelle de répression violente en s'efforçant en même temps d'égarer l'opinion publique européenne quant aux véritables causes de ces soulèvements. Et il faut bien reconnaître que cette opinion, pourtant si souvent trompée par les chefs de la bande unioniste, semble prête à accepter leurs nouvelles explications comme l'expression de la vérité. De grands journeaux européens écrivent déjà que l'objet des émeutes kurdes est de faire échouer les réformes d'Anatolie, qui mettraient fin, disent-ils, aux privilèges des beys ; que les Kurdes s'insurgent pour les mêmes raisons que les Albanais, ces dernières années, quand les Jeunes Turcs voulurent inaugurer parmi eux des modifications à l'ancien état de choses.

Le gouvernement actuel se présente ainsi à son avantage comme le sauveur du peuple ottoman, empêché dans son œuvre de rédemption par le peuple ottoman lui-même. Puisqu'on a l'air de prendre en Europe cette attitude au sérieux, il est de notre devoir, pour l'honneur de nos compatriotes, de dévoiler les véritables causes de l'agitation actuelle.

L'indignation des Albanais hier, des Kurdes aujourd'hui, des Arabes et des Turcs demain, a, c'est exact, la même origine. Mais cette origine n'est pas celle que les unionistes lui attribuent.

Un député français, que Djavid bey a dû fréquenter pendant son séjour à Paris, écrivait récemment que les Jeunes Turcs voulaient *déconfessionnaliser* l'Etat, et qu'ils méritaient pour cela l'estime et l'appui de la France. Ces propos n'ont certainement pas été inventés, ils ont été simplement reproduits. Sans doute, en Turquie, le comité Union et Progrès se garde bien, comme nous le faisions remarquer, de crier de telles intentions sur les toits ; mais elles sont bien les siennes, et le peuple ottoman ne s'y trompe pas. Le fait même de nommer Cheik-ul-Islam un homme considéré par tous les bons musulmans irréligieux, est à lui seul suffisamment significatif... Et c'est pour cela que les Musulmans se révoltent du nord au sud.

Ils ont la ferme conviction que les gouvernants actuels veulent détruire l'islamisme. Elle s'est formée en eux quelques mois à peine après la révolution de 1908, et c'est encore cette conviction qui a poussé les soldats du 1er corps d'armée à se soulever le 13 avril 1909.

Les musulmans, ainsi que le confirment tous les observateurs impartiaux, ne sont pas fanatiques, mais respectent et entendent que l'on respecte une religion à laquelle ils restent profondément attachés. Ils tiennent leur religion pour le plus précieux de leurs biens, et seront toujours hostiles aux gens qu'ils en croient les ennemis. Aussi peut-on s'attendre à de violentes manifestations de leur mécontentement, tant que les gens considérés par eux comme peu attachés à cette religion exerceront le pouvoir, et, par un abus d'autorité, garderont sous leur tutelle le sultan-khalife.

Le fanatisme, ce n'est pas aux musulmans qu'il convient de le reprocher, mais bien aux Jeunes Turcs, puisque, dans leur aveuglement de sectaires, ils n'hésitent pas à saper les bases mêmes de l'Empire, en vertu de principes qui n'ont pas réussi à remplacer avantageusement la religion dans les pays les plus éclairés de l'Occident. À plus forte raison, le sentiment religieux apparaît-il en Turquie comme un facteur moral essentiel, qu'il importe non seulement de conserver mais encore de fortifier chez un peuple dont l'immense majorité est composée d'illettrés.

Si l'on affaiblit ce sentiment, si l'on écarte délibérément ce facteur moral, les Kurdes, les Turcs, et même les Arabes retomberont aussitôt dans l'état de sauvagerie.

Les Jeunes Turcs, par cette animosité contre la religion de la majorité du peuple ottoman, prouvent une fois de plus qu'ils ne sont pas à la hauteur morale nécessaire à des véritables et bons gouvernants. Plus que partout ailleurs le sentiment religieux et le sentiment patriotique sont chez nous étroitement liés, et solidaires l'un de l'autre.

Le plus étrange, c'est que ces adversaires acharnés de l'Islam à l'intérieur, sont à l'extérieur de farouches panislamistes. Ils ne voient pas la contradiction, car ce sont des esprits chimériques formés ou plutôt déformés à l'école même de la contradiction, chez qui la contradiction est quelque chose de consubstantiel. Mais le peuple, dans son bon sens fondamental pas encore altéré, considère les choses d'un œil plus clair, et se dit : « On nous invite à la guerre sainte contre les infidèles, qui nous ont pris quelques provinces ; mais ceux mêmes qui nous y invitent, ne sont-ils pas également des infidèles plus coupables encore que les autres, puisque des renégats, et qu'ils compromettent l'existence même de l'Empire, et n'est-ce pas plutôt contre eux qu'il faut avant tout faire la guerre ? »

Le peuple, en raisonnant ainsi, est on ne peut plus logique. Quel esprit sensé ne le reconnaîtrait ?

Une seconde cause de l'indignation actuelle est que

les Jeunes Turcs n'ont pas eu envers toutes les nationalités de l'Empire l'unité de politique et de conduite qui était nécessaire.

Ils ont témoigné une indulgence toute particulière aux nationalités qu'ils croyaient leur être favorables. En Roumélie, par exemple, ils avaient un faible pour les Bulgares au détriment des Albanais et des Grecs, et agissaient ainsi en Anatolie vis-à-vis des Arméniens et des Kurdes.

C'est pourquoi les députés bulgares et arméniens ont pendant quatre ans, soutenu les Jeunes Turcs, alors que les députés grecs, albanais et kurdes leur ont toujours été hostiles.

Et cependant il était possible de contenter les Arméniens et les Bulgares, sans mécontenter et surtout sans opprimer les Grecs, les Albanais et les Kurdes.

Le comité n'a pu y réussir, et n'a même pas voulu.

Cette néfaste politique nous a coûté les provinces rouméliotes, et pousse maintenant les Kurdes à la révolte.

Il est juste, il est nécessaire que les Arméniens, qui ont tant souffert, même sous le règne du comité Union et Progrès, obtiennent les réformes demandées. Ce peuple mérite d'être traité avec beaucoup de justice et de bonté, mais il faut bien se garder pour cela d'instaurer un régime de sévérité et de tracasseries contre es Kurdes, les plus fidèles sujets du sultan, qui, ne l'oublions pas, sont en majorité écrasante dans l'Anatolie orientale, et de plus, des guerriers très courageux.

Les Jeunes Turcs ont commis là les mêmes fautes qu'en Roumélie, fautes qui ont plusieurs fois provoqué les Albanais à la révolte et qui ont déterminé les Grecs à entrer dans l'alliance balkanique.

Cependant les Kurdes n'en veulent nullement aux Arméniens. Ainsi qeu l'a déclaré Mgr Zavène, patriarche des Arméniens, au correspondant d'un grand journal journal parisien, le chef de la révolte, Mollah Sélim, a écrit à l'archevêque de Bitlis, Mgr Surène, pour le rassurer sur le sort des Arméniens, qui, en effet, n'ont pas été molestés.

Cependant il est à prévoir que le comité Union et Progrès, qui cherche par tous les moyens à discréditer la cause des Kurdes, pourrait fort bien, comme naguère, faire massacrer les Arméniens par ses fédais, et rejeter aux yeux de l'Europe cette responsabilité sur les Kurdes.

Mgr Zavène dit encore : « Le personnage sur lequel pèse en l'occurrence la plus lourde responsabilité est le vali de Bitlis, Mazhar bey. J'ai vainement attiré, à plusieurs reprises, l'attention du gouvernement sur l'incapacité de ce haut fonctionnaire : on ne l'a destitué que lorsque les troubles sont survenus ».

Il ajoute ceci qui est très important et très juste : « L'agitation est anti-gouvernementale et non anti-arménienne ».

Le correspondant déjà mentionné observe de son côté : « Le mouvement ne paraît pas être d'ordre local, mais plutôt d'ordre général ».

D'ordre général, il l'est pour les raisons que nous avons développées dans la première partie de cet article.

Les musulmans détestent les Jeunes Turcs parce qu'ils ont la réputation d'être des francs-maçons et des libres-penseurs. Hâtons-nous de dire qu'ils ne sont en réalité ni l'un ni l'autre car la vraie, la grande franc-maçonnerie a toujours refusé de les reconnaître comme siens, et ils n'ont pas la culture intellectuelle nécessaire pour pouvoir prétendre à la libre-pensée. Il leur faudrait en effet commencer tout d'abord par êtres des penseurs, et ils ont fort à faire avant que d'y parvenir. Ils ne sont que d'aveugles sectaires, ce qui offre beaucoup plus de facilités.

Mais les musulmans ne peuvent souffrir que, tels qu'ils sont, les Jeunes Turcs gouvernent tyranniquement le pays et imposent leur volonté même au Sultan-Khalife.

Aussi, cette hostilité existant entre gouvernants et gouvernés, tout ce qui viendra des premiers est extrêmement suspect aux seconds.

Les réformes, dont on parle tant actuellement, se trouvent elles aussi dans ce cas.

Les musulmans ne sont pas réfractaires aux réformes, et innovations, si elles viennent de gens dont la foi et les sentiments religieux sont au-dessus de tout soupçon, c'est-à-dire de gens connus comme de fervents musulmans. Si elles viennent de leur Sultan-Khalife, elles seront acceptées avec grande joie.

Mais les peuples musulmans ayant acquis la conviction que le Sultan actuel est un instrument docile entre les mains des sectaires irréligieux du comité, ne tiendraient même pas compte d'une initiative que le souverain paraîtrait prendre à ce sujet. La véritable calamité, le grand mal, c'est que le Sultan, compromis par son entourage, n'existe pas pour les peuples musulmans de l'Empire.

L'Europe doit donc bien réfléchir à ceci : les réformes les plus utiles, les plus urgentes ne pourront être appliquées facilement, tant que resteront au pouvoir les Jeunes Turcs, tenus par les peuples musulmans pour des ennemis de la religion. Cette méfiance envers les personnes s'étend naturellement aux mesures elles-mêmes prises par ces personnes-là. D'ailleurs les Jeunes Turcs sont-ils eux-mêmes si désireux d'appliquer les réformes ? Dans les milieux bien informés le bruit s'accrédite de plus en plus que le gouvernement est très heureux de cette agitation, dans laquelle il voit un moyen d'empêcher ou retarder les réformes désirées par les grandes puissances.

Et l'on peut prévoir dès maintenant qu'après les Kurdes, les Arabes, et même les Turcs, comme ils l'ont fait déjà, vont se mettre en mouvement, vont s'insurger, ce qui ne peut manquer de contribuer puissamment à la ruine matérielle et morale de l'Empire.

Comme les Albanais, comme les Arabes, les Kurdes demanderaient eux aussi leur autonomie.

Le bruit court, dans quelques cercles politiques, que le cheikh-suprême du Kurdestan a fait remettre à la Porte un mémoire dans lequel il rappelle que les nombreux bérats accordés au Kurdistan par les anciens sultans dotent cette province d'une administration autonome. Le cheikh demanderait le maintien de ces privilèges en offrant d'augmenter le chiffre de la contribution que le Kurdistan doit payer à la Turquie. Ces privilèges viseraient la suppression de tous impôts, la fondation d'une armée locale kurde qui aurait pour mission de protéger la frontière turco-russe, l'institution d'une administration purement kurde, la création d'écoles où l'enseignement se ferait exclusivement en langue kurde et l'envoi au Kurdistan de tous les officiers d'origine kurde.

La situation s'aggrave de jour en jour. Les officiers d'Erzindjian se sont révoltés, et ont envoyé un ultimatum au gouvernement. A Bitlis, Hizan, Karpout, il y a de continuelles rencontres entre Turcs et Kurdes. Les Lazes sont également mécontents et prêts à se soulever contre le comité Union et Progrès.

Nous le répétons encore une fois, l'agitation, bien qu'elle serve les secrets desseins du gouvernement, en ce qui concerne les réformes promises à l'Europe, est anti-gouvernementale dans son intention, et non d'ordre local, mais d'ordre général.

Si donc l'Europe tient sincèrement à l'application des réformes, et à l'intégrité de l'Empire ottoman, elle doit tout d'abord s'efforcer de nous débarrasser, et pour cela elle n'a qu'à ne pas le soutenir pécuniairement et moralement, du comité Union et Progrès, qui est le seul obstacle à ces réformes, le seul grand danger pour l'intégrité de la Turquie et la paix européenne.

Elle doit aussi faire en sorte que la Turquie ait un gouvernement composé d'hommes inspirant confiance aux peuples musulmans par leur réputation d'honnêtes serviteurs de la religion, de la nation et du Sultan.

Général CHERIF PACHA.

PIÈCE N° 13

Ce qu'on pourrait obtenir des Kurdes

La Patrie du 12 juillet 1915.

Sans doute les succès de nos alliés en Arménie sont des plus appréciables puisqu'ils leur ont permis de pénétrer jusqu'aux limites du vilayet de Bitlis. Cependant la lutte continue, âpre et tenace sur les deux routes qui convergent vers Batoum à travers les vallées du Tchorok et son affluent l'Olty. On peut encore craindre que leur aile gauche ne soit par les tribus kurdes inquiétée du côté de la vallée de Mourad-Tchaï, tandis qu'elle essaierait de gagner la route de Trébizonde. Aussi est-il permis de penser que dans l'état présent des choses la Russie pourrait simplifier les opérations en recourant à la politique du moindre effort, laquelle consisterait à traiter avec leurs chefs. Je suis persuadé que ces derniers ouvriraient une oreille complaisante à toute proposition sonnante qui leur serait adressée. Ces montagnards ne sont aucunement des mystiques qu'aveugle le prestige du khalifat, mais de froids spéculateurs qui ne risquent une affaire qu'à coup sûr. A vrai dire, ils n'ont suivi les Turcs que parce qu'ils escomptaient

leur victoire et qu'ils espéraient mettre à sac la ville
de Tiflis et les riches provinces du Caucase. Eux
aussi ont cru, un instant, à l'invincibilité de la kul-
ture teutonne. Mais je les connais suffisamment pour
savoir qu'ils se soucieraient peu de poursuivre une
lutte où il n'y aurait que des coups à gagner, d'autant moins qu'ils n'ignorent point que, la guerre
terminée, les Turcs se hâteront d'oublier ce qu'ils
auront fait pour eux. A Constantinople, la mémoire
des bienfaits se perd aussi vite que l'eau dans les
sables du désert.

Au fait, je dois rappeler un précédent : Au cours
de la geurre de 1877, le généralissime Mouktar-Pa-
cha essaya de se les attacher comme auxiliaires. Ils
acceptèrent, mais ils se contentèrent de suivre l'armée turque à une distance respectueuse. Ils s'étaient
dit : « Laissons-la piller, nous la pillerons ensuite. »
Après la chute de Kars, ils s'empressèrent de tourner bride. Frustrés dans leurs espérances et indi-
gnés de la maladresse des chefs turcs qu'ils ren-
daient responsables de la défaite, ils tombèrent sur
les convois d'approvisionnements. Le gouvernement
y perdit également les armes et les chevaux dont sa
confiance les avait revêtis, car on ne les revit plus
sur aucun champ de bataille.

Je sais de la manière la plus positive qu'il eût
dépendu de la diplomatie russe de couper court aux
intrigues panislamiques si son représentant à Constantinople avait daigné accueillir les offres de service qui lui furent faites en 1900 par B. Khan, un
notable kurde. Ces offres il les présenta, non seulement en son nom, mais avec l'approbation d'Ibrahim-
Pacha, chef de la tribu Milli, la plus importante
du Kurdistan. Mais le premier drogman déclina au
nom de l'ambassadeur toute proposition d'arrangement. A ce moment la Russie était dominée par le
désir de ne rien faire qui pût déplaire aux Turcs.
Elle avait foi dans l'amitié allemande, dans les protestations pacifiques de Guillaume II. La politique
d'expansion en Extrême-Orient, alors en plein épa-
nouissement, absorbait d'ailleurs toute son activité,
si bien qu'elle donna lieu de croire un instant qu'elle
avait renoncé à la politique si glorieusement libératrice de Pierre-le-Grand et de Catherine II.

Au fond les Kurdes, qu'ils soient Chiites ou Sun-
nites, détestent le Turc. Malgré la diversité des ty-
pes, constatée d'une tribu à l'autre, celle des dialec-
tes, le schisme qui les sépare, ils ont tous néanmoins

le sentiment de la communauté de race, vis-à-vis des
éléments turcs, lazes et arabes. Ils ont conservé d'obs-
cures mais lointaines traditions nationales, une
poésie où revit le souvenir des exploits de la race
et surtout la haine contre la tyrannie de l'Osmanli.
Les aèdes vont de tribu en tribu chanter leurs impro-
visations, et partout, sous la tente du nomade comme dans le conak du chef sédentaire, une chaleu-
reuse hospitalité leur est réservée. Avant que Abd-
ul-Hamid ne les eût gagnés à ses intérêts, ils témoi-
gnaient leur indépendance de sentiment en volant
uniformément Turcs et Arméniens, sans préférence
aucune. Ces habitudes étaient tellement dans les
mœurs qu'ils eurent beaucoup de peine à s'en défaire.
On sait notamment qu'une fois qu'il eut réintégré
ses montagnes, après sa visite à Yildiz, et chamarré
de tous les ordres de l'empire, Ibrahim-Pacha n'en
continua pas moins à piller les uns et les autrs
avec la plus édifiante impartialité. Il n'avait pourtant pas besoin de cela pour vivre, car il était im-
mensément riche. Il possédait de nombreux trou-
peaux et le beurre de ses fermes, dont il envoyait
chaque année de grandes quantités à Stamboul,
était fort apprécié par les gourmets du palais. A ces
ressources il en ajoutait d'autres, comme la taxe
qu'il percevait arbitrairement sur toute caravane
traversant son territoire

Cet état de choses subsista jusqu'en 1908. Après les
événements du 23 juillet tout faillit se gâter. Mis en
défiance par la politique de centralisation à outrance
qui fut d'abord celle du comité « Union et Progrès »,
les Kurdes firent mine de rompre avec Stamboul. Ce
fut encore Ibrahim-Pacha qui, le premier, donna le
signal de la rébellion.

Le sultan lui avait confié la mission de veiller à
la sécurité du personnel qui travaillait à la construction de la ligne du Hedjaz. Il était sur le point
de prendre le train de Damas avec son régiment
lorsque la Constitution fut proclamée à Alep. Il recevait en même temps un ordre du grand-vizir de se
rendre à Constantinople. Sans doute il dut flairer
quelque disgrâce, car au lieu d'obéir, il n'eut rien
de plus pressé que de prendre à la tête de ses hommes, le chemin de l'Euphrate. Il culbuta les troupes
qui voulurent s'opposer à son passage et bientôt après
il se trouvait à l'abri dans ses montagnes. Il entre-
prit alors de soulever le Kurdistan. Tandis que les
Kizilbach chassaient les autorités de la région de

Dersin, il ralliait à sa cause plusieurs tribus, toutes armées de fusils Martiny. On crut tout d'abord l'affaire sans importance, mais un premier succès comme la prise de Véran-Tchaï détermina le gouvernement à adopter des mesures militaires extraordinaires. Pour faire face au péril, il dut convoquer les réserves des 4e et 5e corps d'armée. Le péril était qu'il ne gagnât, comme était parait-il son intention, la Mésopotamie, où il aurait trouvé des alliés puissants, prompts à la révolte. Il aurait tendu la main aux Ibn-Réchid et aux Beni-Lam, dont le territoire s'étend sur la rive gauche du Tigre. Il y aurait trouvé les Kelhours, importante tribu kurde chiite, qui campe en face de Bagdad, laquelle est en mesure d'équiper une douzaine de régiments de cavalerie, de mille hommes chacun. Il faut rappeler que les Kurdes persans ont cru devoir adopter une organisation analogue à celle de leurs congénères de Turquie. Heureusement l'aventure n'alla pas plus loin. On transigea et le chef kurde reçut bientôt l'assurance qu'il ne serait pas inquiété. A titre d'indication, j'ajouterai que rien ne serait plus dangereux pour la domination turque, dans les circonstances actuelles, qu'un mouvement de révolte qui rapprocherait les Arabes et les Kurdes. Pour compléter les renseignements que j'ai donnés sur ces derniers dans mon article précédent, je dirai qu'on peut évaluer leur nombre à cinq millions en Turquie, deux millions en Perse, cent mille en Afghanistan et une vingtaine de mille sur le territoire russe. Ces derniers sont cantonnés sur la frontière entre Erivan et Kars. — B.B.

PIÈCE N° 14

La jeunesse arabe

(Conférence de M. Naggiar.)

Le sujet dont je vous entretiendrai aujourd'hui est un sujet d'actualité brûlante. Je voudrais vous parler de l'esprit de la jeunesse arabe. Mais avant de commencer ma causerie permettez-moi de vous remercier pour l'amabilité avec laquelle vous avez répondu à notre invitation et vous nous honorez de votre présence.

La question arabe, ainsi que je viens de le dire, est à l'ordre du jour. Or, à ce propos, les premières questions que l'on se pose aujourd'hui partout et particulièrement en France, sont celles-ci :

Quelle est cette nation arabe qui vient de renaître au monde ?

Sa reconnaissance est-elle l'effet du hasard ou a-t-elle été le résultat naturel d'événements qui ont échappé à notre connaissance ?

A-t-elle suivi son évolution normale, jusqu'au point désigné par ses dirigeants ? Et en conséquence quel est l'avenir de cette action arabe et quelles sont les revendications de cette nouvelle nation ?

Je vais répondre à ces questions en tâchant de résumer autant que possible.

Le proche Orient et particulièrement l'Asie et l'Afrique se composent d'une majorité arabe mêlée à d'autres races dans certaines régions, notamment aux européens en Syrie, aux berbères en Afrique occidentale, aux turcs en Asie, et aux kurdes dans le Kurdistan. La force de l'élément arabe en ce qui concerne sa civilisation varie suivant son degré de mélange avec ces autres peuples.

En conséquence du contact des Français avec les Arabes d'Afrique depuis plusieurs années, on désigne sous le nom d'Arabes les indigènes d'Algérie, de Tunisie et du Maroc. Or ces peuples se sont souvent mélangés avec les autres peuplades d'Afrique telles que les berbères ; on les considère chez nous comme le peuple arabe d'Afrique. Mais le véritable arabe est celui d'Arabie, du Hedjaz, du Yémen ; ensuite vient celui de Mésopotamie, puis celui de Syrie et d'Egypte.

La nation syrienne, d'après mes constatations personnelles, est parmi ces peuples arabes la plus avancée ; cela grâce aux écoles qu'elle possède et à son contact prolongé avec les différentes nations européennes.

En 1897 j'ai parcouru, comme journaliste arabe, la Syrie, le Liban et la Palestine, puis condamné par le gouvernement hamidien pour un article considéré comme diffamatoire, j'ai pris la route de l'exil et j'ai passé 9 ans en Egypte. J'ai étudié sur place la jeunesse arabe d'Egypte, d'Alexandrie aux frontières du Soudan.

Lors de la proclamation de la Constitution en 1908

je suis venu à Constantinople où je me suis mis en contact avec la jeunesse arabe de toutes les provinces arabes de la Turquie. En 1911 j'ai parcouru l'Europe et l'Amérique du Nord où j'ai fondé des comités politiques. En 1913 revenu en Syrie après une absence de 15 ans j'ai parcouru la Syrie, le Liban et la Palestine, en étudiant la situation du pays. Et j'ai réussi à former au Liban quelques comités politiques anti-turcs.

Vous voyez que je puis vous parler de la jeunesse arabe en connaissance de cause, après des recherches faites sur place et des études faites sur le vif.

La jeunesse arabe

Cette jeunesse présente des mentalités différentes et des degrés d'instruction variables suivant le degré du développement actuel de chaque pays. La Syrie étant la nation la plus avancée dans ce sens je commencerai par vous parler de la jeunesse syrienne : à tout seigneur tout honneur.

La jeunesse syrienne de 1850 à 1917 nous présente deux périodes. La première de 1850 à 1880, la seconde de cette date jusqu'à aujourd'hui.

A la suite de la renaissance arabe en 1840 et grâce aux écoles nationales et américaines, les élèves de ces écoles acquirent une instruction plus favorable et développèrent des idées patriotiques plus que par l'instruction donnée dans les écoles des missionnaires depuis 1880. Les étudiants de ce temps-là, qui sont les hommes du jour, peuvent dire qu'ils ont fondé l'idée nationale soit par leurs écrits, soit par leurs comités. On parle aujourd'hui, chez nous de ce temps, comme on parle en France de l'époque de la rennaissance littéraire de 1830 à 1850.

Dans les écoles cléricales régnait une instruction de façade, sans fond comme sans esprit national ; on eût dit que ces missionnaires avaient pour mission de nous faire oublier notre patrie. Dans toutes ces écoles on voyait rarement un professeur faire des cours sur l'histoire ou la géographie de la Syrie.

Gabriel Charmes, à la suite de son voyage qu'il fit en Syrie dans les environs de 1876, disait ceci de cette instruction :

« Les missionnaires font tous leurs efforts pour nous donner des littérateurs et des écrivains en français comme si nous n'avons pas en France suffisamment de candidats pour l'Académie Française. »

Pendant que les écoles de missionnaires suivaient cette ligne de conduite les écoles américaines faisaient le contraire, elles instruisaient la jeunesse en lui inculquant l'amour de sa patrie, de sa langue, et la passion de la liberté.

Par ces deux instructions différentes sont nées deux jeunesses opposées, dressées l'une en face de l'autre comme les camps de deux armées.

Les élèves des écoles des missionnaires étaient en général les enfants de familles chrétiennes riches ou aisées ; au contraire, les élèves des autres écoles étaient les enfants du peuple. Or ceux-ci étant plus en contact avec la masse ont pu développer leurs idées plus facilement que les premiers. Ce qui les a aidés encore c'est le progrès de l'esprit national dans tous les pays, et la concordance entre l'esprit de l'enseignement donné dans les écoles nationales en Syrie, dans les écoles gouvernementales et dans les écoles américaines.

Le gouvernement hamidien a étouffé pour un moment le développement de cet esprit national et le peu de liberté que nous avons eu, sous ce régime prétendu constitutionnel et libéral, ne nous a pas permis de développer comme il fallait ces sentiments. Malgré cela nous pouvons affirmer que grâce aux efforts de la presse arabe les trois quarts de jeunes gens syriens sont fortement imprégnés des idées nationales et celles-ci sont tellement enracinées dans les esprits qu'il serait impossible de les leur enlever et dangereux de les combattre. La seule chose à faire c'est de les aider à s'affirmer et de les développer.

La jeunesse de Palestine n'est pas moins conquise à ces idées. J'ai parcouru ces pays en 1913 et j'ai été en contact avec la jeunesse qui combattait alors le mouvement de turquisation poursuivi par les Unionistes, avec un courage et une ténacité étonnante. Ce sont ces sentiments qui faisaient dire à quelques-uns des jeunes gens condamnés à la pendaison alors qu'ils marchaient vers l'échafaud « Vive la nation arabe, vive la liberté et l'indépendance ».

Ils étaient tellement dominés par cet idéal que l'on pouvait les comparer aux martys du moyen âge mourant pour la chrétienté et leur religion. Les jeunes gens de Mésopotamie ayant fait, en général, leurs études à Constantinople, y ont pris l'esprit de nationalisme des peuples des Balkans et se sont adaptés. Ce qui a fait que la plupart des officiers bagdadiens ou autres sont devenus des revolutionnaires par excellence. C'est à eux qu'on doit la révolte du Hedjaz et c'est avec eux que j'ai été en contact à Constantinople pendant cinq ans.

De ces états d'âmes différents une idée nouvelle est née. Pourquoi nous ne faisons pas une patrie arabe comme celle des bulgares, des serbes et des grecs ? En réponse à cette idée un groupe d'officiers d'accord avec un certain nombre d'intellectuels s'est mis à l'œuvre depuis 1912. Divers comités ont été formés comprenant des chrétiens et des musulmans. Ces jeunes gens, ces hommes d'action sont décidés à tout. Ils disent : « Nous avons appris, nous avons connu la civilisation moderne d'Europe, nous avons vu des nations moins préparées que nous vivre librement, nous voulons obtenir notre place sous le soleil ».

Appuyés sur les bras protecteurs des grandes nations alliées, ils marchent actuellement vers leur but.

Les révolutions sont des courants électriques qui se répercutent de par le monde. La révolution de 1908 en Turquie a amené les Arabes à l'idée de l'indépendance, la révolution actuelle de la grande Russie les affirmera dans cette idée. Prenant pied au Hedjaz l'esprit de l'indépendance et de la liberté en Orient volera d'un pays à l'autre pour embrasser tout l'Orient après cette guerre.

La Syrie plus préparée que tout autre pays à cette révolution attend ce jour drapée dans son manteau rouge qui est taché du sang de ses enfants, martyrs de sa noble cause. C'est sur cet espoir que je terminerai cette causerie en criant : Vive la jeunesse arabe, Vive la Syrie indépendante et libre, Vive la France libératrice du monde.

PIÈCE N° 15

Il faut liquider la question d'Orient

Le Matin, du 30 décembre 1914.

Hier, en Turquie, tout était à vendre. Aujourd'hui tout est à prendre.

Ainsi se résument, en quelques mots, l'histoire et la philosophie du régime jeune turc.

Après avoir, par la guerre balkanique, réduit en Europe leur population des trois quarts et leur territoire des cinq sixièmes, les Ottomans sont allés mendier à la porte des chancelleries, offrant, pour gager un emprunt, les débris de leur armée, des lambeaux de leurs provinces, vendant ici un port, là une route, échangeant des concessions contre des commissions, commençant à partager eux-mêmes les restes de l'empire et ouvrant au seuil de l'Asie le marché des vilayets et le bazar des races.

Dans cette politique, aucune conception nationale. N'en soyons pas surpris le jour où il plaira aux alliés d'internationaliser Constantinople et les détroits, ils ne sauraient installer à Byzance un gouvernement d'esprit plus cosmopolite que celui dans lequel campent Talaat le Tsigane, Djemal le Kurde, Enver le Rouméliote.

L'Allemagne emploie ces mercenaires, les paye et les méprise. Nous n'avons pas oublié le ton dont Maximilien Harden, cette année même, évaluait dans la *Zukunft*, « la pauvre gloire d'un sou » rapportée par Enver pacha de la Tripolitaine où il avait juré de vaincre ou de mourir, mais dont il revint battu et bien portant. Le polémiste germanique souriait de pitié en évoquant le fameux raid sur « Andrinople sans défense, où Enver est entré en se promenant ». Et il flagellait dans le dictateur ce criminel qui gagna le pouvoir en « tuant lâchement dans un corridor l'habile ministre de la guerre le général Nazim ». Enver pacha, lui, sans prendre le temps de s'essuyer des insultes allemandes, a négocié son pays à l'Allemagne.

La Turquie pouvait en demeurant neutre refaire son armée, ses finances, mettre en valeur ses possessions d'Europe, sauver l'Asie Mineure, recouvrer les îles du Dodécanèse, conserver sa suzeraineté sur l'Egypte, travailler à s'assimiler le progrès moderne et à rétablir son prestige dans le vaste monde musulman. Cette grande tâche n'intéresse pas ses maîtres. Ils ont des desseins privés, point de desseins politiques. A cet empire qui veut être régénéré, ils n'apportent que leurs ambitions. Ils jouent de la Turquie, commandent des dreadnoughts, mobilisent des soldats, ravagent les finances publiques, y prélèvent à défaut de traitements pour les fonctionnaires des soldes pour les assassins, y ramassent des fortunes pour eux-mêmes ; enfin, ivres de tyrannie et de décadence, ils appellent sur eux le péril, montrent à l'Europe qui l'oubliait l'Asie Mineure à conquérir, désignent ses ports au blocus, ouvrent ses frontières à l'invasion et livrent le dernier refuge ottoman, emportés par une monstrueuse fureur de pillage, d'assassinat, de mégalomanie et de trahison.

Aussi, tous les problèmes que la diplomatie européenne évitait depuis tant d'années se posent-ils à la fois devant elle.

En même temps que la question d'Alsace-Lorraine, que la question de Pologne, que la question d'Autriche, il faut résoudre aujourd'hui, et pour toujours, la vieille question d'Orient.

Impossible d'ajourner une fois de plus la disparition de la Turquie d'Europe. Le continent doit être cette fois débarrassé.

Andrinople et la Thrace sont des proies qui s'offrent à la Bulgarie, pourvu qu'elle quitte le sillage de l'Autriche dans lequel elle n'a recueilli que l'humiliation et la défaite.

Constantinople sera libre et libre le passage des détroits. Elle va crouler enfin, cette muraille ottomane qui séparait la Russie et l'Asie du monde occidental. Ce n'est plus seulement par le canal de Suez que s'achemineront les échanges entre l'Europe et l'Orient, c'est par la mer Noir et les Dardanelles, c'est par le golfe Persique et Bagdad, c'est par Smyrne, Damas et Beyrouth. Des routes nouvelles porteront à la Méditerranée les produits de terres jusqu'ici incultes et de peuples encore emmurés.

En Asie Mineure, si l'on abandonne aux Turcs la région où ils demeurent en majorité, ils doivent se contenter de la seule Anatolie, où vivent plus de cinq millions d'entre eux, sur les six millions qui prétendent continuer de commander à vingt millions d'Arabes.

Encore ne tiendrait-il qu'à la Grèce de prendre à l'ouest de Smyrne, qu'entourent trois millions de Grecs, et à l'Italie de s'installer au sud à Adalia, où elle a commencé de marquer sa place.

L'Allemagne, naturellement prête à dépecer ses alliés à la condition d'en garder une part impériale, avait depuis longtemps préparé son lot en Asie Mineure : cette riche Mésopotamie où elle poussait la ligne de Bagdad. La Grande-Bretagne sera sans doute la principale héritière du grand projet germanique, car il est juste que tous les chemins qui vont aux Indes lui appartiennent. Qu'elle s'avance librement vers Bagdad, de la côte persique où elle vient de planter son drapeau, un drapeau qu'on n'arrache plus de la terre où il a flotté une fois. Qu'elle remonte plus loin encore vers le nord, jusqu'aux points où elle rencontrera, sur le Tigre, la Russie et sur l'Euphrate, la France.

Ne sait-on pas qu'au nord et à l'est de la Turquie d'Asie deux millions d'Arméniens attendent au milieu des pires persécutions le jour où la Russie, maîtresse d'Erzeroum et de Trébizonde, les réunira enfin à leurs quinze cent mille frères du Caucase ?

A l'ouest, la Syrie et la Palestine ont mérité d'être jointes sous ce seul vocable : la France du Levant. Cinquante mille élèves s'y pressent dans nos écoles ; notre langue, notre pensée, notre influence y sont si diffusées que la *Stampa* pouvait écrire le 5 avril 1914: « La France demeure en Syrie indiscutablement souveraine. La Syrie est pénétrée jusqu'à la moelle d'influence française. Tous les Syriens cultivés, musulmans et chrétiens, parlent et pensent français ».

Par un singulier prodige, il va être donné à notre République de reprendre la suite des croisades. L'œuvre qu'avaient préparée cent quatre-vingt douze ans de domination franque, qu'interrompit à la fin du treizième siècle la prise de Saint-Jean-d'Acre par le sultan Malek el Ashraf, qu'entretint noblement l'ardeur de nos congrégations religieuses, de « ce corps d'occupation français », comme le nommait la *Stampa*, c'est notre gouvernement de libre pensée qui se trouve chargé de la mener à sa fin. Pour y parvenir, il devra s'inspirer du programme élaboré en janvier 1913 à Beyrouth par les quatre-vingt-six membres élus des communautés, qui réclamèrent la création d'un conseil général comprenant quinze musulmans, la nomination de fonctionnaires choisis au concours, l'appel à des conseillers étrangers pour la direction des différents services.

Ainsi jésuites, lazaristes, frères des écoles chrétiennes, israélites de l'Alliance israélite qui ont enseigné à Beyrouth, Alexandrette, Jérusalem, Nazareth ou Bethléem, économistes, financiers, ingénieurs qui ont tracé des plans, jeté des rails, creusé des ports, paysans ou petits commerçants qui ont vidé leurs bas de laine dans les emprunts, penseurs qui ont partagé la liberté, tous les Français, depuis ceux qui partirent pour reprendre aux infidèles le tombeau du Christ, toutes les Frances qui se sont ignorées ou ont cru se combattre, qui se sont imaginé si longtemps n'avoir ni un idéal, ni même un honneur commun,

voici que l'histoire et le lointain les confondent et les
réconcilient. Huit siècles de batailles, de prières, de
travaux, de missions aux lieux où se rencontrent
l'Europe, l'Afrique et l'Asie vont enfin recevoir leur
récompense. La République recueillera pieusement
le legs de ce grand passé et nous fonderons dans ce
merveilleux carrefour de civilisations, de religions
et de peuples l'ère où toutes les races, libérées du
joug turc en même temps que du joug germain,
pourront célébrer en paix la joie de leur unité recon-
quise et de leurs lois retrouvées.

PIÈCE N° 16

La Siaria regno indipendente
con a capo un principe musulmano ?

(*Il Secolo* du 13 janvier 1915.)

Rome, 12 notte.

Il *Giornale d'Italia* ha dal Cairo 10 : Secondo una
informazione segretissima che mi viene da una per-
sona bene addentro nei progetti del Governo inglese,
l'Inghilterra, che pare sicurissima di battere i tur-
chi, avrebbe intenzione di fare della Siria un
reame indipendente mettendovi a capo un Principe
musulmano. Sempre secondo il mio informatore questo Principe sarebbe Mohamed pascià Daud, dis-
cendente diretto del grande Mohamed Ali. Natural-
mente mi mancano i mezzi per controllare questa
notizia, ma sono informato da altra fonte che di
questi giorni le autorità turche di Beyrouth hanno
arrestato in quella località alcuni emissari inglesi
che si sarebbero recati in Siria per preparare
un'insurrezione dei cattolici e dei musulmani dissi-
denti contro il Governo ottomano.

Lo stesso giornale osserva : « L'importante notizia
che ci viene dal Cairo riveste certamento un indubbio
carattere di verosimiglianza che non deve stupire se
si considera la politica asiatica inglese di questi
ultimi anni. In ogni caso pero la notizia dovrebbe
essere rettificata in questo senso, che l'Inghilterra

mirerebbe a fare della Siria non un reame indipendente, ma un secondo Egitto, sottomesso cioè al
protettorato o quanto meno al controllo inglese. Se
non che il lato debole di questo progretto starebbe
nell'energica oppozione della Francia che vanta e
rivendica aspirazioni, diritti e interessi sulla Siria,
ben più antichi di quelli inglesi. È noto del resto che
accomodata la questione egiziana che fu la base
esplicita dell'*entente* anglo-francese, la questione
siriana fu frequente causa di dissapori fra i gabi-
netti di Londra e di Parigi, le cui vedute in materia
erano in assoluto contrasto.

« L'Inghilterra ha sempre mirato a installarsi in
Siria per avere nel Mediterraneo orientale la mede-
sima posizione privilegiata che le danno nel Mediterraneo occidentale Gibilterra e Malta, ma più
ancora la Siria è necessaria all'Inghilterra per rea-
lizzare un vasto e grandioso piano asiatico non meno
impor'.nte di quello africano (ferrovia Cairo-Capo)
e cioè una ferrovia inglese El Arich-Gerusalemme-
Bassora-Delphi-Calcutta attraverso la Persia meri-
dionale, che il noto e recente accordo anglo-russo ha
già acquisito all'influenza inglese. Il tal modo i pos-
sedimenti africani e asiatici dell'Inghilterra si tro-
verebbero saldati gli uni agli altri e non costitui-
rebbero che un solo territorio che si stenderebbe
dalle bocche del Nilo a quelle del Irauddy e da Ales-
sandria a Singapore. Grandioso progetto correre
la via El Arich-Delphi, la via più corta e
la più diretta per l'India, interamente di territorio inglese e permetterebe all Inghilterra di rial-
fermare il suo dominio in India. Ma per far questo
occorre che la Siria divenga inglese, perchè la ferrovia progrettata dovrebbe rimontare verso nord per
evitare i deserti dell'Arabia settentrionale.

« Per giungere a questo l'Inghilterra à vero inta-
volo delle trattative diplomatiche con la Francia
dalla quale ottenne una specie di benestare parziale,
restringendo i limiti della zona che si riservava fino
al porto di Hakka (San Giovanni d'Acri), meridio-
nale, vale a dire tutta la Palestina. Se dunque, per
concludere, la notizia che ci viene dal Cairo non è
verosimile, d'altra parte va accolta con riserva ».

PIÈCE N° 17

L'Insurrection en Cilicie

(Dépêche de Toulouse du 21 mai 1915)

Paris, 10 mai.

Les événements qui disloquent chaque jour davantage l'édifice ottoman nous font regretter de plus en plus que les alliés n'aient pas cru pouvoir ou devoir porter leur action sur des points où ils eussent trouvé dans la population locale un appui immédiat et décisif. Et cela est vrai surtout de cette côte méditerranéenne où, presque partout, la domination turque est abhorrée et où on attend la délivrance avec une impatience inexprimable. Déjà, les Maronites du Liban, qui espéraient voir débarquer sur leurs rivages un corps expéditionnaire français et qui s'apprêtaient à l'accueillir avec enthousiasme se sont résolus à agir par eux-mêmes et se sont mis en révolte ouverte contre les autorités ottomanes. Voici que, sur un autre point, dans la partie septentrionale de la Cilicie, une autre insurrection vient d'éclater. On annonce, en effet, que la population arménienne du Zeïtoun s'est soulevée, et que les Turcs sont obligés d'envisager la perspective d'une véritable expédition militaire dans cette région, s'ils veulent empêcher l'insurrection de s'étendre aux villes voisines et jusqu'au vilayet d'Adana, qui n'en est qu'à quelques kilomètres. Comme on le sait, toutes ces contrées sont peuplées en grande partie d'Arméniens, qui ont eu et qui ont encore beaucoup à souffrir de la domination ottomane. Les événements qui se déroulent dans les montagnes du Caucase et dans le vilayet de Van ont eu de profonds échos jusqu'à Adana et à Mersina. Dans toutes ces villes on attend les alliés. Ici, aucun des terribles obstacles qui les retardent dans les Dardanelles ne pourrait leur être opposé. Il n'y a aucune fortification turque, aucune armée organisée, et la résistance serait d'autant plus difficile qu'elle se trouverait paralysée par les insurrections locales. Une opération qui jetterait quelques milliers d'hommes à Beyrouth et à Mersina amènerait en quelques jours l'effondrement de toute la puissance ottomane dans la Cilicie et dans la Syrie. Ce ne serait donc pas seulement une opération militaire, mais aussi et surtout une opération politique, analogue à celle des Anglais dans l'Irak et dans la Mésopotamie méridionale. Elle aurait enfin le grand avantage de mettre entre nos mains un des gages les plus précieux que puisse offrir le territoire ottoman. Si l'on songe en outre que nous menacerions, en coupant la ligne de Bagdad, les communications de Constantinople avec la riche région de la Mésopotamie, on voit que les raisons diplomatiques, politiques et stratégiques réunissent ici pour nous pousser à ne pas demeurer indifférents aux insurrections locales et à aider à leur triomphe. — C. V.

TABLE DES MATIÈRES

PARIS — IMP. DES NOUVELLES, 5, PASSAGE DU CAIRE

www.ingramcontent.com/pod-product-compliance
Ingram Content Group UK Ltd.
Pitfield, Milton Keynes, MK11 3LW, UK
UKHW021925070726
13614UKWH00001B/263